フェリス・カルチャーシリーズ 7

# 英語圏の世界を知る

―文学・歴史・社会・芸術・言語―

Ferris Culture Series

翰林書房

# まえがき

横浜市民大学講座（第二一回）は、横浜のフェリス女学院大学緑園キャンパスのキダーホールを会場に、二〇〇八年九月から一二月の土曜日に実施されました。九〇分の各講座は活発に展開され、毎回大勢の方が出席して下さいました。

今回は本学文学部英文学科が中心となり、英文学科教員六名に加え、国際交流学部より奥田和彦教授、また、本学で長い間、非常勤講師として教鞭を取って下さいました明治大学名誉教授の越智道雄先生をお迎えし、「英語圏の文学と文化を楽しむ」と題して行われました。内容としてはイギリスとアメリカの文学、歴史、社会、芸術、さらにはイギリス、アメリカと密接な関係にあるオーストラリアやカナダの多様な文化のありように注目しました。また、英語圏の国々をつなぐ言語としての「英語」についても講義がなされました。本書はこの講座で語られた内容を中心に一冊にまとめたものです。

本学文学部名誉教授、井上勝氏は、アメリカの作家リチャード・ライトの俳句とその生き方について、彼の長女ジュリアが父親ライトのミシシッピーでの足跡を辿る旅に同行した経験から解き明かしています。

本学文学部、向井秀忠教授はイギリスのブッカー賞受賞作家を紹介し、その多様な国籍（出身国）とテーマを見ながら、イギリスの小説が「イギリス」というひとつの国のものから「英語圏」

全体のものへと拡がった経緯について論じています。本書に収録された論考では、現代の「イギリス」小説としてのインドの英語小説を扱っています。

本学文学部、梅崎透准教授は、一九六〇年代初頭に開始されたアメリカの対外援助事業「平和部隊」についての議論から、開発と発展をめぐる当時の知のあり方を歴史的に位置づけています。援助事業の利他主義的側面と理想主義的側面に注目し、とくにアメリカをモデルとした近代化論がどう影響していたか分析したものです。

本学国際交流学部、奥田和彦教授は、カナダの多文化主義について、民族ではなく言語（仏語）を基軸に置くケベック州政府の今日の政策理念、そのコスモポリタン的性格などを通し、「多文化主義」の概念化と政策形成過程などを解説しています。

明治大学名誉教授、越智道雄氏は、オーストラリアの白人同士で固まる受動的な運動律、つまりマイトシップ（相棒律）がオーストラリアの草創期から国を動かしてきた原動力であること、そしてこの運動律が多文化国家をまとめていくひとつの指針となり得ることを解説しています。

本学文学部、近藤存志准教授は、W・ホガース、W・ブレイク、A・ラムジ、J・M・W・ターナーといった一八、一九世紀のイギリスを代表する画家たちの多彩な絵画作品に注目し、近代イギリスにおける時代精神と芸術の結びつきについて論じています。

本学文学部、福永保代教授は、筋立てや演出など、あらかじめ明確に設定された約束事によって特徴づけられるジャンル映画を取り上げ、「ファム・ファタール（運命の女）」という女性像がどのように創造されたかを解説しています。

本学文学部、饒平名尚子教授は、ジェンダーを一つのキーワードとして、現代の社会・文化を構成する要素としての言語（英語）を手がかりに、英語圏の社会と文化の断面を解説しています。

以上、今回の講座は英語圏のさまざまなことがらを多層的な視点から論じ、英語圏の国々の複雑な問題を浮き彫りにしています。私たちは過去の豊かな遺産を受け継ぎつつも、歴史の造り出した困難な状況をも引き受け、混迷を極める複雑な現代を生きていかねばなりません。この時代、イギリス、アメリカのみでなく、英語圏の多文化性・異文化性に触れることは、有意義なことと思われます。この著書を通し、読者の方々が英語圏の文学・文化を味わい、さらに、今後の歩みの参考にしていただければ幸いです。

なお、本講座のコーディネーターを務めました当時の英文学科主任、井上勝先生は、二〇〇九年前期を持ちまして本学を退職されましたので、この「まえがき」は、現在の学科主任が代筆させていただきました。この市民講座に、地元をはじめ、地方からも多くの方々が参加して下さいましたことを、深くお礼申し上げます。最後に、このたび、このような形で本講座の内容が一冊の著書として上梓できますことを心より感謝申し上げます。

二〇一〇年三月

文学部英文学科主任　藤本　朝巳

英語圏の世界を知る——文学・歴史・社会・芸術・言語——◎目次

# Just Enough of Snow…
## ——リチャード・ライトと五・七・五——

井上　勝

### はじめに——英語で五・七・五

"Just enough of snow…"という表題をご覧になり、これは一体何のことだろうと思われたかと思います。「ちょうどいい量の雪」。不親切な題のつけ方だったように思います。しかし、「リチャード・ライトと五・七・五」という副題があり、さらには『２００８年度　フェリス女学院大学横浜市民大学講座』では晩年のリチャード・ライトの姿を探ってみたいと紹介されていますので、ライトの「五・七・五」から何が見えてくるかを扱おうとしているということがお分かり頂けただろうと思います。今日はリチャード・ライトの幾つかの俳句を紹介し、私がそこに何を読み取ったかを話してみたいと思います。

資料の各句には数字が付してあります。この数字は生前のライトがつけた通し番号です。彼は亡くなった年の一九六〇年に約四〇〇〇の俳句の中から八一七を選び出し、通し番号をつけたのだそうです。そしてその八一七句を集めた原稿には、*This Other World: Projections in the Haiku Manner*、という題がつけられていたということです。題は「この異次元の世界：俳句形式による（自己）投影」と言った意味でしょうか。この原稿を元にして一九九八年に出版されたのが *Haiku: This Other World* です。ついでに言えば、ライト自身が選んで、通し番号をつけた原稿は現在、エール大学の The Beinecke Rare Book and Manuscript Library に収蔵されているということです。

さて、今回の題として掲げたのは一番の番号が付いた句ではなく、三三番の句です。

その三三番の句から見ていきましょう。資料にありますように、“Just enough of snow” の後は、“For a boy’s finger to write / His name on the porch.” と続いています。これは「四・六・五」の一五語です。語数からすれば、二語足りないことになります。一行目は五語ではなく、四語ですが、この行は音節で数えれば、五音節です。英語で音数を数える場合、音節で区切ります。音節の区切りは私たちが辞書で単語を調べるとき、単語の中に記されている中黒で示されています。この中黒は文字数の多い単語に多く施されていますが、ない場合もありますし、逆に文字数の少ない単語にある場合もあります。例えば、through に中黒はありませんが、ivy には一つあります。前者は一音節の語で、後者が二音節の語だからです。Enough をみますと、〈e〉と〈nough〉の間に中黒があります。従って、enough は二音節となります。このようにして音節数を数えてみますと、“Just enough of snow / For a boy’s finger to write / His name on the porch.” は一行目が五音節、二行目が七音節、三行目が五音節になります。つまりこれは英語で表現された五・七・五の一七音節から成る短い詩ということになります。ライトは娘のジュリアに“'Julia, you can write them, too. It's always five, and seven and five—like math. So you can't go wrong.'”「『ジュリア、お前にだって、俳句は作れるんだ。俳句はいつだって五・七・五ってことだよ。まるで数式ってわけだ。だから間違いようがないってわけさ。』」（“Introduction” by Julia Wright, *Haiku: This Other World*）と言っていたそうです。しかし、例えば、三一番の句の“In the falling snow / A laughing boy holds out his palms / Until they are white.”のような、五・八・五の「音節余り」とか、あるいはまた七番の句の“Make up your mind, snail! / You are half inside your house, / And halfway out!”のように、五・七・四の「音節足らず」というのもあります。それは和歌や俳句と言った定型詩に「字余り」や「字足らず」があるのと同じことです。ともあれ、八一七の句を通覧してみますと、ライトが律儀にも「五・七・五」を守っていこうとしているのはわかります。これはライトがたったの一七の音節の中に一つの世界を、一つの小宇宙を表現できる素晴らしさと豊かさを見出し、それに魅了されたということでしょう。

## 白い雪・少年の名前

五・七・五の説明のためだったとは言え、横道に逸れてしまいました。“Just enough of snow”

に戻ることにします。これが意味していることは「少年の指がポーチに自分の名前を書くのにちょうどいい（厚さに積もっている）雪」というところです。強いて日本語でも五・七・五にすれば、「白雪に／我が指の書く／我が名前」とでもなります。少なくても英語と対応した日本語にはなっていません。これでは文意を損ねているように思われます。少なくても英語と対応した日本語にはなっていません。他の七つの句についても資料には試訳が示してありますが、いずれも逐語的な対応はしていません。私の文才のないところです。目を瞑って下さい。

"Just enough of snow"は、ポーチには、厚くもなく薄くもなく、少年が指で字を書くのに、指で雪を掻けばポーチの地が見えてくるように程よく雪が積もっているということです。雪が一〇センチも二〇センチも積もっているのであれば、少年が指で雪を掻いた程度ではポーチの地の色は現れません。その場合、陰影による若干の濃淡はあるにしても、目に映るのは雪の白さだけです。それでは何のために雪を掻いたのか意味がありません。雪に何かを書くということは指で掻いた跡を雪の白さと対比させることです。指で掻いた跡をくっきりと浮かび上がらせることです。それがこの場合には自分の名前を書くということです。ここでは指で雪を掻いた跡のポーチの地が現れていなければなりません。積雪量は一センチ乃至二センチというところでしょうか。字を書くのは少年ですから、どんなに厚くても、五センチというところでしょう。

少年が自分の名前を書くのはポーチの雪の上となっています。Porchをverandaとしてもよかったはずですが、verandaとすれば、三音節となります。一行を五音節にしなければならない制約の中では三音節は多すぎます。そのために一音節の porch にしたのでしょう。さて、そのポーチですが、それは屋根のついた張り出し玄関のことです。そして玄関は家の出入りのためにあります。そこを通って人が外へ出るところです。あるいは入るところです。一センチ乃至二センチの積雪では何かがそこを通過した後には足跡が残ります。つまりポーチの地の色が現れています。少年は何かの足跡が一杯ついているところに自分の名前を書いてみようとは思わなかったでしょう。そうだとすれば、雪はまだ誰も何も通っていない真っ白なままだったはずです。ポーチに白いキャンヴァスのように広がっている雪を見て、家の中で一番に目をさました少年は家の者がまだ活動を始めていない朝の静寂の中で昂ぶる気持ちを押さえながら、自分の名前を書くのでしょう、あるいは書いたのでしょう。少年はやっと文字を覚え、自分の名前が書けることに興奮しているのかもしれません。そのように読み取るのが自然でしょう。

そんな少年の気持ちを汲み取りながらも、私は「白雪に／我が指の書く／我が名前」としました。少年が黒人なのか、白人なのかはわかりません。しかし、作者がライトであることを考えれば、少年を黒人の少年とするほうが適切でしょう。

一九八四年以降のことですが、私はミシシッピで黒人たちの家だと説明された家を車窓から、あるいは歩道から何度も何度も見てきました。私が見た彼らの家のポーチはペンキの塗っていない剥き出しの板が張ってあるだけでした。彼らにはペンキを塗るだけの経済的な余裕がないからです。黒人たちは貧しいのです。今から一〇〇年前にミシシッピでライトが貧しい黒人として生まれ育った家のポーチの床も剥き出しの板張りだったはずです。剥き出しの床板には撥水作用がなく、水分を吸います。水分を吸った床板は木地の色を一層濃くします。床板の茶色は褐色になります。雪の白さと木地の茶色。少年は指で「白い雪」を掻き分けて「黒人の肌の色」で自分の名前を浮き彫りにしたのです。

ここでもう一つのことが見えてきます。ポーチの床板は常に踏みつけられているものであり、それを冷たく覆っているのが雪だということです。それは黒人と白人の関係ということにもなるでしょう。少年はポーチの床板を冷たく覆っている白い雪を指で押し分けて、茶色で、つまり自分の肌の色で、自分の名前を浮き上がらせるのです。少年はいつも踏みつけられている自分にも名前があることを、従ってまた、自分もまた一人の人間であることを、雪を押しのけることで自分の肌の色を示して訴えていると読み取ることもできるわけです。少年は自分の名前と身体を白い雪を掻き分けることで確認したのです。一番の句、"I am nobody: / A red sinking autumn sun / Took my name away." を見て頂けばわかりますように、名前は「私が私であること」を、言い換えれば、一人の人間が一人の人間であることを示す重要なものです。このことについてはまた後で触れることにします。

少年が自分の名前をいつも踏みつけられているポーチを覆い隠している白い雪の上に書く、ということについては、ライトが長じて、いずれも黒人の状況を題材にした *Native Son*（1940）や *Black Boy*（1945）を発表したことについて触れれば、もっとわかり易くなるだろうと思います。

The Library of America から出版された *Richard Wright: Early Works*（1991）及び *Richard Wright: Later Works*（1991）両書の "Chronology"（同一のもの）によりますと、*Native Son* は一九四〇年の三月に出版されますが、発売からたったの三週間で二一五、〇〇〇部が売れています。

*Native Son* はシカゴを舞台にして、その貧民街に育った黒人青年 Bigger Thomas が自分を大事に扱ってくれた裕福な白人の娘を殺し、焼却炉でその死体を始末した後、逃げまくるけれども、遂には逮捕され、死刑にされるというものです。裕福な主人同様、その娘も Bigger に親切にしていました。しかしこの娘は自由奔放に行動するところがあり、ある晩 Bigger は酒に酔った娘を彼女の寝室に運び込まざるをえない状況に陥ります。人種差別が、黒人蔑視が罷り通っていた時代、黒人男性が白人女性の寝室にまで入るということはシカゴでも大変な問題だったわけです。Bigger がまだその寝室にいる間に娘の母親がそこへ入ってきます。娘が声を出せば、彼は自分がそこにいることがばれてしまいます。それを恐れた Bigger は娘に声を出させないようにするために、彼女の口を塞ぎます。その結果彼は娘を殺してしまいます。この殺人は Bigger が黒人であったがために、つまり黒人に対する人種的偏見があったがために起こったことになるわけです。

人種的偏見を軸にして書かれ、しかも黒人男性による白人女性の殺害という内容のこの小説は、例えば、アラバマ州バーミングハムの図書館では禁書処分になります（"Chronology"）。これがアメリカ南部での *Native Son* に対する一つの反応でした。同じようなことが一九四五年に *Black Boy* が出版されたときにも起こります。

*Black Boy* はライトがシカゴへ出るまでの南部時代を扱った自伝的小説です。これは発売から一ヵ月半近くベストセラーのトップの座を維持していたようです。そのことからもわかるように、発売部数は一〇ヶ月で五四六、〇〇〇部に達しています。爆発的な出版部数です。しかし、*Black Boy* は当時のミシシッピ州選出の連邦上院議員 Theodore Bilbo に「薄汚い」"obscene" 本だと決め付けられています（"Chronology"）。*Black Boy* はミシシッピの黒人たちが差別に苦しみ、ただただ貧しい生活を強いられ、白人を恐れながら生きていることを暴露しているわけですから、Bilbo の反応は当時の極めて平均的な南部白人の反応だったことになります（余談になりますが、一九九五年、元ミシシッピ州知事の家だった家が私の友人の作家、Willie Morris 氏夫妻の家になっていて、私はそこに泊めて貰いました。その客間にはかつて Bilbo が泊まったことがあったということでした。Bilbo は「非白人である私」を Morris 氏が自分と同じベッドで寝起きさせたことで、Morris 氏を墓の下から呪っていたのかも知れません）。ともあれ圧倒的多数を占める白人を中心とするアメリカ社会に *Native Son* と *Black Boy* は大きなインパクトを与えたわけです。

いつも人に踏みつけられているポーチの床板と同じ褐色の肌をしたライトは自分の指でその季節になれば、ポーチの床板を冷たく覆ってしまう雪を掻き分けて、自分の肌の色で自分の名前を白い雪（白人社会）に書き付けたことになります。しかし彼は三三番の句では、白人という言葉も、黒人という言葉も使わず、「少年（の指）がポーチに自分の名前を書くのにちょうどいい（厚さに積もっている）量の雪」とさり気なく詠んでいるだけです。

## アフリカの黒人・アメリカの黒人

一番と番号のついた“I am nobody: / A red sinking autumn sun / Took my name away.”を見てみましょう。私はそれを「秋の夕陽（ひ）に／名を奪われて／消えた僕」と五・七・五に揃えてみましたが、「私は人間としての意味はない。それは沈んでいく秋の赤い太陽が私の名前を奪い取ったからだ」ということです。nobodyは「何者でもない者」とか「取るに足らない人」とか「つまらない人間」ということでしょう。しかしここでは「存在を奪われた人間」ということでしょう。社会に存在しながら、その存在を無視された、「透明人間」と化した人間、Ralph Ellisonなら“invisible man”と呼ぶ人です。その後をコロンで繋いでいますが、このコロンはライトの原稿にはなかったので、編者が句の内容をわかり易くするために付け足したものです。わかり易い、というのはコロンがあることによって、「私は何者でもない」ことを受けて、「それはすなわち」という意味が補われ、「私が何者でもない」ことの理由が述べられることになるからです。ここでは「沈んでいく秋の赤い太陽が私の名前を奪った」からということになります。これは逆にいえば、名前があることによって、人間は人間でありうるということです。名前は一人一人の人間を「社会的に」識別する記号であり、その一人一人の実体を示す象徴です。私たちの社会的存在に意味を与えるものです。「私」は名前を奪い取られたのですから社会的に存在していないことになります。しかしまた「私」は名前を奪われたといっているのですから、「私」にはかつては名前があったということです。「私」は名前を奪われる前は社会の、あるいは共同体の一員としての人間だったのです。

この句の中にアメリカの黒人の立場を、彼らの先祖がアメリカへ渡った経緯を当て嵌めてみると、句の意味するところが明確に見えてきます。それを解く鍵は「太陽」にあります。「私の名前」を奪った太陽は昇る太陽ではなく、沈んでいく秋の太陽だからです。アメリカ大陸はアフリカ大陸とアメリカ大陸の地理的関係を思い起せば、それは一層明白になります。アメリカ大陸はアフリカ大陸から見て、太陽が沈んでいく方角にあります。アメリカ大陸の方へ沈んでいく太陽の軌跡はそのまま奴隷船の航跡となります。アフリカ大陸で「捕獲」されて、「奴隷」となり、「積荷」としてアメリカ大陸へ「運搬」されたのがアメリカに住む圧倒的多数の黒人たちの先祖でした。彼らは「積荷」となったとき、名前ではなく、整理番号で「処理」されたのです。ついでに言えば、「秋」の太陽が沈んでいく先で彼らを待ちうけていたのは「奴隷としての苛酷な状況」(即ち季節的には寒い冬)だったわけです。

先に話しましたように、「私の名前」は奪い取られたということですから、沈んでいく太陽に出会うまでは「私」には名前はあったということです。「私」には名前があって、「私」はある社会の一員だったわけです。ある社会から拉致され、西へ連れて行かれ、名前を奪われた人たち。運ばれていった先で社会的存在を抹殺され、単なる労働力として扱われた人たち。それが現在のアメリカの、アフリカ系アメリカ人の祖先だったわけです。名前を「奪われた」となっていますから、「私」が名前を失くしたのは過去のことです。その過去にあった出来事が現在の「私」の社会的存在を抹殺しているのです。赤い沈んでいく太陽とはアフリカから黒人たちをアメリカへ運んだ奴隷貿易船ということになるでしょう。あるいは黒人を奴隷として買い入れ、買い入れた奴隷に新しい名前をあてがったアメリカの白人農園主、その農園主たちを中心にして形成されたアメリカ社会ということになるのかもしれません。

「私」は自分には名前がないと言っています。しかし例えばライトには Richard Wright という名前があります。それは歴とした名前ではないかと言われるかも知れません。確かに黒人たちにも名前はあります。姓もあれば、名もあります。しかし、彼らの名前は奴隷として彼らを買い取った所有者に、自分たちが利用しやすいように与えられたものです。奴隷とされたアフリカ人たちはアメリカへ渡ったとき、彼らの名前は、男性なら、John, Richard, Robert, William といった名前に、女性なら、Ann, Elizabeth, Jane, Mary といった名前に変えられたのです。いずれも新しく与えられた名前ですから、どの名前も彼らがアフリカにいたときの名前ではないわけです。

黒人のある一族の間で語り継がれてきた話を手掛かりにして、自分のアフリカでのルーツを探し当てて、有名になったドキュメンタリー小説に Alex Haley の *Roots* というのがあります。それは一族の中で初めてアメリカへ連れて来られた、そして自分の名前は Kin-tay であると主張し続けた人物のアフリカでの出生地を探り当てたというものです。その出生地探しは一族の間に伝わってきた訳のわからない二つの単語、ギターを意味する〈ko〉と川を意味する〈bolongo〉をもう一つの手掛かりとしています。Alex Haley は〈ko〉がギターのような楽器であり、Kamby Bolongo が the Gambia River を意味することを、そしてそれらがアフリカのどの地域の言葉であるかを言語学的に突き止めて、西アフリカのガンビア川を四日遡ったところにある Juffure 村に辿り付き、その村で語り継がれた伝承と自分の一族で伝えられてきた話が一致することを確認し、自分たちのルーツを確かめたというものです。自分の名前を Kin-tay（音声としてはそのように聞えていたことになる）と言い続けていた Kunta Kinte は Toby という名前を与えられます。それが彼のアメリカでの名前ということになったわけです。*Roots* は Kunta Kinte が Toby という名前を与えられ、一応それを甘んじて受け入れざるを得なかったけれども、それでも彼は自分の名前に拘り、それを守り通し、結果としてその名前を後世の子孫に伝えた人物の一族の歴史物語でもあるわけですが、今日ここで言っておきたいことは、Kunta Kinte が彼を買い取った農園でアフリカでの人としての名前を奪われ、姓もなくただの Toby という名前に変えられたということです。Toby という名前しか与えられなかった Kunta Kinte は所有者の「財産」ではあっても、人間ではなかったわけです。

二〇〇八年のアメリカ大統領選挙で民主党の候補として脚光を浴びているのが Barack Obama 氏ですが、彼はケニヤ人の父親を持ち、父親に与えられた父親と同じ名前をそのまま受け継いでいる人です。従って彼の名前は正しくは Barack Obama Jr. ということになります。そして彼の父親はケニヤからの留学生だったわけですから、彼は「沈んでいく赤い秋の太陽」に名前を奪われなくてもすむ環境と時代に生まれたということになります。Alex Haley のルーツ探しになぞらえて言えば、大統領候補の父親はケニヤのルオ族の出身で、ヴィクトリア湖の畔にあるアレゴ村で生まれています。彼の母親の両親がアメリカ中西部（カンザス州）出身のいわゆる白人女性であることは今や誰もが知っていることです。

名前に関わることで、もう一つ指摘しておきたいことは一九五〇年代～六〇年代に公民権運動活動家として知られた Malcolm X のことです。生まれたときの彼の名前は Malcolm Little でした。しかし、Malcolm は Little が父方の先祖に入り込んできた白人奴隷所有者の名前だとしてそれを拒否し、イスラム教徒の教えに従って、自分の姓を自分が決して知ることはできない本当のアフリカの一族を象徴するXとしたのです。Xは未知を示すXであり、これからも知ることは出来ないがために、Xと名乗ることをアフリカ出身の自分にできることとして彼は選んだのです。蛇足ながら、彼の母は黒人と白人の混血だったわけですが、彼女は自分の身体に白人の血が流れていることを憎んでさえいたということも付け加えて指摘しておきます。私の知っている人に Terry Buffington という黒人女性がいます。彼女の姓名を知っただけでは、Richard Wright や Alex Haley がそうであるように、彼女がアフリカ系アメリカ人なのかそうでないのかはわかりません。しかしその女性は自分の息子に Kwasi という名前を付けています。Malcolm X は自分の姓をXに変えたわけですが、彼女は自分の姓名はそのままにしていても息子の名前を Kwasi としたのです。それはスワヒリ語で「日曜日」という意味になるようです。"I am nobody: / A red sinking autumn sun / Took my name away.”には現在の、というのかライトが生きていた頃の、アフリカ系アメリカ人の実情とその人たちの暗い悲惨な過去がたった一七の音節の中に読み込まれていることになります。

## 少年の笑い

三一番の“In the falling snow / A laughing boy holds out his palms / Until they are white.”は五・八・五で一八音節になっています。私は「降る雪は／笑う子の手を／白くして」としていますが、「舞い降りている、あるいは降っている雪の中で、笑っている少年が両方の掌を差し出しているとついに掌は白くなる」ということです。無邪気な少年が、雪が降っているのを見て、掌を差し出してみると、掌が白くなった、ということです。しかし、掌で雪を受けてみるときのことを考えてみると、もっと違ったものが見えてきます。掌で雪を受けるとき、掌がすぐに白くなるということはありません。掌に載ってきた雪は掌の温もりでまずは融けて水になります。雪は水になっていくとき、掌の温もりを奪っていきます。血の温もりを奪われていく掌は冷たくなっていきます。しかし冷たくなり始めたからといって、すぐに雪が掌に積もるというのでもありません。掌を白くするためには更に雪を受け続けなければなりません。雪の冷たさを我慢し続けなければなりません。掌の雪は次にシャーベット状になります。掌の水がシャーベット状の状態を越えたとき、やっと掌に雪が積もります。やっと掌が白くなります。そのときには掌の感覚は冷たさを通り越し、ジンジンと刺すような痛みを覚えています。刺すような痛みに耐えなければ、雪は積もらず、掌も白くはなりません。皆さんは笑われるかもしれませんが、私はこの句に初めて接した学生時代の冬に少年と同じことをして、掌を白くしてみました。そのときに私が得た感覚は「冷たい」というよりは「刺すように痛い」というものでした。そして私は「少年」の真似をして、冷たさを我慢し、刺すような痛みに耐えてまで掌を白くした軽佻浮薄な自分を笑いましたが、笑うと同時に「少年」が掌を白くするのに如何に大きな痛みに耐えなければならないものであるかを知りました。そして私は愚かにも「少年」は目的を達成しているのだから、laugh するのではなく、smile すべきだと思っていました。Laughing も smiling も同じ音節数だからです。

掌で雪を受けてから一〇年以上が経った一九八七年の二月に、私はミシシッピ大学の客員研究員としてその所在地、ミシシッピ州オクスフォードにいました。そのとき、当時パリに住んでいたライトの長女 Julia が亡き父に代わって、ミシシッピ州の発展に貢献した人への表彰を受けるためにミシシッピ大学へ来ました。かつて州選出の上院議員がライトの作品を酷評したことを考えれば、彼がミシシッピ州で、その発展に貢献したとして表彰を受けたということには隔世の感があります。

大学はまだミシシッピ州へ来たことのないという Julia を彼女の父祖の地、ナッチーズ、へ案内することになり、当時ミシシッピ大学学内在住作家であった Willie Morris 氏とミシシッピ大学教授、David Sansing氏が案内役でした。私はMorris氏の計らいで彼女の一泊二日の旅に同道させて貰いました。私は二〇〇四年にそのときのことを一部ミシシッピ州オクスフォードの新聞に"Julia Wright and Her Mississippi"と題して書きました。その記事は同じ時期にSansing教授の計らいでナッチーズの新聞にも掲載されたようです。

私は、Juliaに紹介されたまさにその瞬間に、「笑っている少年」が、舞い降りる雪に掌を差し出している「少年」の姿が私の中で甦り、「少年」がsmileしているのではなく、laughしている意味が、あるいはライトが「少年」にsmileではなく、laughさせた意味が理解できたような気がしました。それはライトが俳句を通して会得したものを理解したと直感したときでもありました。ライトは俳句を通して達観する視座を得ていたのです。このことについては後で触れることにします。ともあれ、私がJuliaを見た瞬間に見て、「少年」のlaughの意味を理解したと思ったのは彼女の肌の色が先程名前を挙げた、テレビで見るBarack Obama氏の肌の色と同じような色だったからです。Juliaの肌の色が、「少年」が白くした「掌の色」ではなかったからです。もっとも、白人と黒人の間に生まれた子供に雪の白さを想像し、予測していたわけではありませんが。

ライトは、*Black Boy*の中で図らずも告白しているのですが、黒人を差別し、黒人の存在の根底を否定する白人に恐怖を覚える一方で、自分と同じ黒人たちを憎み、その「黒人たちの状況」から抜け出すことも願っていました。彼の黒人的世界からの脱出する一つの方法は黒人以外の女性と結婚することだったようにも思われます。彼は一九三八年に黒人女性と結婚すると公表していましたが、それをその女性が先天的に梅毒に罹っているとして、破棄しています（"Chronology"）。その翌年、ライトは初めて結婚します。結婚したのは白人女性の Dhima Rose Meadman でした。ライトは二度結婚していますが、二度とも白人女性でした。二度目の結婚で Ellen Poplar との間に生まれたのが Julia です。Julia は一九四二年に生まれています（"Chronology"）。Sansing 教授によると、Ellen は Julia が生まれたとき、産後の病室を一般病室から個室へ変えたということでした。彼がそのことを Julia に確認しようとしたところ、Julia は哀しげな目をするだけで、そのことには一切触れようとはせず、話題を転じてしまいました。愚かな私は Julia が所用で私たちの前から姿を消したところで、急いで教授に確認しました、「肌の色のせいだったのですか」と。教授は、「その通り。私はその場に居合わせた人から聞いているので、間違いない」と断言していました。それはニューヨークでのことだったわけですが、一九四〇年代の人種的偏見は南部でも東部でも何ら変わるところはなかったということです。

因みに、ライトの母方の祖母、Margaret Bolton Wilson、は "Chronology" によりますと、アイルランド系、スコットランド系、アメリカ・インディアン系そしてアフリカ系の血を引いていて、容姿においてはいわゆる白人と同じであったということです。しかし *Black Boy* では「ばあちゃんはどこかの時点で、また何らかの形で黒人の血が混じり込んだアイルランド系、スコットランド系、フランス系の血筋であった」（Granny came of Irish, Scotch, and French stock in which Negro blood had somewhere and somehow been infused）となっています。両者の違いは、"Chronology" ではアメリカ・インディアンの血が挙げられているのに対し、*Black Boy* にはアメリカ・インディアンというのはなく、その代わりフランス系の血が挙げられているということです。いずれもが言っていることはライトの祖母には幾つかの、いわゆる白人系の血が混じり合っているということです。私はそのことを指摘するために *Black Boy* から引用したのではありません。ライトの血に対する感覚について指摘したかったからです。ライトが、祖母の血の場合、黒人の血にアイルランド系、スコットランド系、フランス系の血が混ざり込んだとしているのではなく、アイルランド系、スコットランド系、フランス系の血に黒人の血が混ざり込んだとしているということです。彼は自分の血統のことを考えるとき、それを白人側に置いていて、黒人側には置いていないということです。つまり彼は自分の主体を黒人でないことに置いているということです。これは Malcolm X の血に対する考え方とは全く逆のものです。私には遺伝的なものがどのような形で次世代に受け継がれていくのか、その仕組みはわかりませんが、ライトが白人女性との結婚によって得た娘の肌の色は彼が遺伝的に期待していたに違いない祖母の肌の色とは違っていたわけです。つまり白人的ではなかったのです。その意味ではライトの結婚による黒人的世界からの脱出は言わば不首尾に終わるわけです。

このことを考えると、俳句と出会った後のライトの変化が見えてくるわけです。あるいはライトが到達した地平が見えてくるわけです。

*Haiku: This Other World* の "Afterward" by Yoshinobu Hakutani and Robert L. Tener によります

と、彼が俳句に出会ったのは一九五九年の夏頃ということになっています。南アフリカ出身の若い友人からイギリス人東洋学者、**Reginald Horace Blyth** の ***Haiku***（四巻本、１９４９～１９５２）を借り受け、最初に指摘したように、一九六〇年の三月までには約四、〇〇〇にも及ぶ句を残したわけです。彼はまるで取り憑かれたかのように俳句を作っていたわけです。一九五九年の夏から一九六〇年の三月までに約四、〇〇〇の句だというわけですから、異常とも思える程に句作に励んでいたとしか言いようがありません。四巻本は総ページ数が一三〇〇です。制約された時間の中で読む分量もさることながら、**Blyth** の ***Haiku*** には俳句の精神風土を例証するために漢詩も出てくるということです。彼には読めるはずもなかった漢詩にライトはただ目をくれるだけであり、また同じように読めなかっただろう数多の俳人たちの句（日本語とローマ字表記が併記されている）についても、ローマ字で表記された箇所をせいぜい意味のわからない文字を音に出して読んでみただけでしょう。一、三〇〇ページの四巻本に目を通すだけでもそれなりの時間を彼は要したはずです。そのことを考えると、一九五九年の夏の俳句との出会いから一九六〇年の三月までの極めて短い期間に約四、〇〇〇もの俳句を作っていたとなると、彼は俳句に、あるいは句作に、「偏執狂的に」取り憑かれていたとしか言いようがありません。今「偏執狂的に」取り憑かれていたと、言いましたのは、当時のライトについては彼を取り巻く様々な状況のために「偏執症」に陥っていたと言われているからです。傍目から見れば、「偏執症」と思われるほどに彼は俳句作りに没頭していたことになります。

その頃のライトの姿を娘のJuliaはこう書いています、

父が亡くなる前の夏と秋の数ヶ月間の父について思い出すことの一つは父が何千もの俳句を作っていたということです。父は脇の下から俳句用のバインダーを離すことはありませんでした。父はどこにいても、どんな時にでも俳句を作っていました。アメーバ赤痢との一年も続いた厳しい闘病の末ゆっくりと回復に向かっていたベッドで、父がナプキンに書いて音節数を数えていたカフェやレストランで、またフランス人の友人たちが所有していた田舎の文学サークルで

One of my last memories of my father during the summer and autumn months before he died is his crafting of thousands of haiku. He wrote them everywhere, at all hours: in bed as he slowly recovered from a year-long, grueling battle against amebic dysentery; in cafes and restaurants where he counted syllables on napkins; in the country in a writing community owned by French friends...("Introduction", *Haiku: This Other World*)

どこにいようが、どんな時であろうが、場所や時間など一切気にせずに、ライトは俳句を作り続けていたわけです。当時一八歳だった自分には理解できなかった父の俳句を、あるいは俳句作りをJuliaは今となっては"self-developed antidotes against illness"「病気に対し自然に熟成された抗

生物質」（"Introduction"）だったとさえ言っています。ライトは一九五九年六月にアメーバ赤痢に罹り、病院で治療を受けています。アメーバ赤痢は乗り越えたものの、その後腸に問題を抱えてしまったようです。そして旅行に出る場合には掛かり付けの胃腸科医を同道させていたほどです。一九六〇年の一一月二六日に検査のため入院しますが、二日後の一一月二八日に心臓発作で亡くなってしまいます。彼が俳句を作っていたのは病を患っていた時期だったということになります。ライトがこのような状況の中で、つまりどこかで死を意識せざるを得なかったかもしれない中で、それでも俳句作りに打ち込んでいたことを考え、例えば、一二五番の "A horse is pissing / In the snow-covered courtyard / In the morning sun."（朝陽浴び／馬は尿する／白雪に）といった、白い冷たい雪に放散される馬の尿の温もりを加えて、ユーモアを醸し出している句（皆さんの中にはこの句を聞いて松尾芭蕉の「蚤虱馬の尿する枕元」（*Haiku*, Vol. III）を思い出された方がおられるかもしれません）や、一二六番の "Like a spreading fire, / Blossoms leap from tree to tree / In a blazing spring."（山を越え、／野を越え燃える／花前線）に描き出された、花が木から木へと咲き移っていく春の彩り豊かな躍動感に接してみると、彼の目の注がれた先が、そして彼のものを見る感覚が優しく、恬淡としているものであることが読み取れるのではないでしょうか。彼が生きていることの愉快さと生きてあることの美しさを見て取っていたと思われるのです。これは「偏執症」に陥っている人に出来ることではないでしょう。

横道に逸れてばかりです。もう一度、"In the falling snow / A laughing boy holds out his palms

/ Until they are white.” へ戻りましょう。この横道のおかげで、しかし私が laughing を smiling にしてもよかったのではないかと思ったのが間違いだったということが見えてきたのではないでしょうか。というより “In the falling snow / A laughing boy holds out his palms / Until they are white.” の laughing は laughing であって、smiling にしてはならないということが見えてきたのではないでしょうか。「少年」は掌が白くなるのを、あるいは白くなったのを喜んでいるのではないということになるからです。「少年」は laugh していますが、何を laugh しているのでしょうか。何故ライトは「少年」に laugh させたのでしょうか。

「少年」が掌で雪を受けているのは掌を白くするためです。そのために「少年」は笑いながら、掌で雪を受け続けています。雪の冷たさを我慢し、掌の温もりを奪っていく雪の刺すような痛みに耐えている自分の行為に「少年」は気がついているはずです。それでいながら、「少年」は手を引っ込めようとはしていません。「少年」は自分が生きている限り、つまり自分の意志で雪を掌に受け続ける限り、自分の身体には熱い血が流れていて、その熱い血が掌まで流れていって、雪を融かしてしまうことをあるいは知らずにいるのかもしれません。しかしライトは知っています。ライトは雪の冷たさを、雪の冷たさが齎す痛みを知っているから「少年」を笑わせているのです。「少年」を笑わせることで、あるいは「少年」に笑い続けさせることで、「少年」もまた自分の行為の何たるかを知っていることを示していることになります。ここでの笑いは「少年」の自己認識を示す行為ということになります。「少年」は掌で雪を受け続けなければなりません。受け続けるのです。掌を白くするために。しかし、雪は永遠に降り続くものではありません。掌で雪を受けているときの「少年」は知らなかったとしても、ライトはそのことを知っています。それでいて、彼が「少年」に掌を白くさせようとしているのは、それ程までに深い、哀しいまでの「少年」の願望があるからです。あるいはライト自身が幼い頃にそのような願望を持っていたのかもしれません。白人のようになりたい、せめて自分の肌の色を白人のような肌の色にしたい、という願望が。

その願望は空しく痛ましいまでの幻想でしかありません。「少年」の願望は、あるいは幻想は、二度に亘るライトの白人女性との結婚に繋がっていくものであり、その結果としての娘Juliaの誕生に繋がっていくものだろうと思えます。偏見と差別の中で虐げられ、差別を超えた世界へ入ろうとしたライトに、自然の摂理はJuliaを授けていたのです。雪が、白さを運んでくる雪が降り続くことはなかったのです。ライトは掌を雪で白くするということは決して実現することのない夢想でしかないことを知っているわけです。仮に雪を受けて身体の一部を白くすることが出来たとしても、それは一時的なことでしかなく、掌そのものが白になるわけがないことを知っているわけです。雪が永遠に降り続くのでない限り、掌の雪はやがて身体に流れる血の温もりによって融かされてしまいます。しかし、雪が永遠に降り続けることはありません。そして人間が生きている限り、身体に熱い血が流れているのが自然なことです。その自然な熱い血が「少年」にやがて「少年」の在りのままの姿を教えてくれることをライトは知っているわけです。

ライトは娘の誕生から一七年目にして、生きてあることの事実に目を開かされたのです。俳句的世界と出会うことによって。それはただ自分の置かれた現実を拒否することではなく、現実に屈服してそれと妥協することでもなく、超越的な視点から現実を眺めることだったということになるでしょう。そこにlaughの源があります。掌を白くしようとしている「少年」は年端も行かない分だけ幼くもあり、幼い分だけ無邪気であり、無邪気な分だけ可愛くもあります。現実の一現象（ここでは自分が黒人であるということ）を捉え、それを克服しようとして、それに現象的に対応しようとしているからです。その限り、掌に雪を受けるのは少年でなければならなかったのです。ポーチの白い雪を掻いて、名前を書くのが少年でなければならなかったのと同じです。同じことを、成長し、社会の構成員としての存在は認められていないとしても、とにかく社会の一員となっている大人がやるのであれば、哀れを誘うことはあっても、自らを笑うことは出来ません。哀れを誘うだけで終わってしまいます。哀れを誘うのでしかないのだとすれば、その原因は現実を容認するしかない諦念にあります。諦念からは何も生まれません。生きていることの喜びを感じることも出来なければ、生きてあることの美しさを見ることも出来ません。ライトは雪を掌で受けるのを「少年」としています。そして「少年」をして雪の冷たさに、雪の刺す痛みに耐えている自分を笑えるだけの視座を与えているのです。その限りライトは偏見や差別を超えた世界へ行っているのです。彼は達観する視座を得ていたことになるわけです。

## 少女の顔・カタツムリの姿

「少年」が雪に掌を差し出し、白くするのと似たような状況を詠んでいるのが春の一風景を題材にした五二番の句ということになるでしょうか。しかしこの句ではやり切れないまでに悲しい現実をそのままに詠んでいます。五二番は **"Gazing at her face / Reflected in the spring pond, / The girl grimaces."** となっています。「少女」が顔を顰めながら、春の池に映っている自分の顔にまじまじと見入っているというものです。私はそれを「水面には／仮面顔映ゆ／春の池」としています。これでは何ともギクシャクした印象を与える日本語でしかなく、「少女」の大きな衝撃とそれに伴う深い悲しみは伝わってきません。

季節は春です。水面に顔が映っているというのですから、風もない穏やかな春の日です。「少女」は季節の陽気に絆されて、ふらっと散歩に出たのかもしれません。するとそこには静かな池があり、そっと池を覗いてみたのでしょう。池の面には顔が映っています。「少女」は自分一人しかそこにはいないので、池に映っているのは自分の顔でしかないことを知っているはずです。池に映った顔をじっと目を凝らして見ています。いくら目を凝らしても、それは自分の顔でしかありません。しかしそれは「少女」が思い描いていた自分の顔ではなかったのでしょう。「少女」は池の顔を自分の顔だとは認めたくないのです。彼女は自分の顔を否定しているのです。だから「少女」

はgrimaceしているのです。私たちが顔を顰めるのはあることに対し納得がいかなかったり、苦痛を覚えたり、不機嫌だったり、憎しみを抱いたり、軽蔑の念に駆られたりするときです。Grimaceはそういう状況で目を凝らすという意味で使われている動詞です。「少女」は池に映った自分の顔に「はっと驚いて目を凝らし」（gazeはそんな意味です）、grimaceしているのです。

一九九一年に制作された映画に『裁かれた壁』（*Separate But Equal*）というのがあります。人種隔離教育撤廃を求め、一九五四年五月一七日に最高裁で公立学校における人種分離教育に違憲判決を勝ち取った過程を描いた映画です。その中で人種分離教育が黒人の生徒に与えた影響を実験によって明らかにするという場面があります。心理学者が黒人の子供たちに黒人の人形と白人の人形を見せ、子供たちがそれぞれの人形にどのような反応を示すかを調べていきます。黒人の子供たちは白人の人形を「かわいい」ものとし、黒人の人形を「醜い」ものとします。そして実験は多くの黒人の子供たちが白人の人形を好み、黒人の人形を嫌って憎み、その結果白人に「憧れ」を抱き、自分たちと同じ黒人には「蔑み」を持っていることを明らかにします。それは優越感を持って生きている白人と劣等感を根幹に叩き込まれて生きるしかない黒人の、社会での実情を浮き彫りにするものであり、差別が如何に深い傷を生み出しているかを例証しています。黒人の子供は「醜い」ものとして白人社会から否定されているだけでも大きな問題であるわけですが、それ以上に大きな問題は自分自身を心の深いところで「醜い」ものとして「蔑み」、否定しているということです。ライトの「少女」は映画の子供と同じ状況で池に映る自分の顔をまじまじと見つめ、目を凝らして見つめながら、自分の現実の顔に顔を顰めるしかないのです。「少女」は三一番の句の「少年」が掌で雪を受けるようなことはせず、従ってまた自分を笑い飛ばすようなこともしていません。ここにはあまりにも悲しい現実があります。

このようにライトの俳句を見ていくと、七番の**"Make up your mind, snail! / You are half inside your house, / And halfway out!"**(「ためらわず/居場所決めろや/かたつむり」)の読み方も私は修正しなければならなくなりました。ライトが、殻から半分身体を出してノロノロと這い進むカタツムリを見て、それに黒人の姿を重ねているのに私は納得しました。*Black Boy* に、例えば、白いものを見ていて、それを白人が黒だと言えば、黒人はそれを白だから、白です、とは言えなかった場面があったからです。そのとき **Richard** 少年は白を白とは言えず、だからと言って黒とも言えず、結局は叩きのめされてしまうということを経験しています。そして私は、学生時代、このカタツムリを、自分の置かれた状況に配慮し、常に周囲におもねているしかなく、おもねていても自分を救う道を見出せない黒人であるとし、そのように振舞うしかない黒人に強い憤りを覚え、ライト自身が激しく苛立っているものと理解していました。たったの一六音節の中に二度も感嘆符を加えているからです。一つ目の感嘆符はカタツムリの態度に対する苛立ちであり、二つ目の感嘆符はカタツムリの置かれた状況に対する苛立ちです。従って作者の苛立ちは激しいどころのものではなかったと理解していました。しかし、今、私は、学生時代の理解が完全に間違っていたとは思いませんが、ライトはその苛立ちを乗り越えていたと訂正しなければなりません。というのも、Juliaが、父親は俳句と出会った後、つまり晩年には極めて穏やかで、彼女には不可解なまでに落ち着いていた、と言っていたからです。この句は、ライトが自分の立場を決めかねているようにしか見えないカタツムリに、自分の立場ぐらい自分ではっきりさせろ、と強く命じることで、ノロノロとしか進まない、あるいはノロノロとしか行動できないカタツムリ（黒人）に決断することを熱く呼びかけているのだ、と受け取るしかないようです。

## 生の輝き

最後に六〇番の"Sun is glinting on / A washerwoman's black arms / In cold creek water."「陽（ひ）は光る／冷たい水の／黒い腕」に触れることにしましょう。六〇番は、太陽が冷たい水のなかの洗濯女の黒い両腕に光っている、ということです。

まだアメリカで黒人たちが奴隷として扱われていた時代、彼らは大きく「屋外奴隷」(field slave)と「屋内奴隷」(house slave)の二つに分けられていました。「屋外奴隷」は主に、文字通り屋外の「畑仕事」に従事させられ、「屋内奴隷」の仕事は「炊事」、「洗濯」、「掃除」といったものでした。黒人たちが奴隷の状態から解放されて後も彼らに割り当てられる仕事は奴隷時代と似たようなものでした。黒人たちのその状況がずっと続いていたことは、メンフィス時代のライトの母親が炊事、洗濯、掃除の仕事で生活費を得ていたことでもわかりますし、William Faulknerの作品を読めば、すぐにわかることです。例えば、*The Sound and the Fury*（1929）の Dilsey、あるいは短編、"That Evening Sun"（1931）の Nancy といった女性たちはそんな仕事を割り当てられているのです。

ライトの母親や Faulkner の登場人物の時代からずっと下った一九八六年に、更にはそれから一三年後の一九九九年にそのような仕事を割り当てられている黒人たちの状況を私は垣間見ることになりました。一九八六年当時のオクスフォード市長は私の一家を招いたとき、月、水、金のいずれかの日に来てくれと、言ってきました。その日は黒人の料理人が来る日で、美味しく食べられるから、というのが曜日を指定した理由でした。料理を作るのは黒人であると言っているわけですが、黒人だから料理を作るのが上手いのだとも言っていたわけです。これは料理に関しては黒人に対して高い評価をしているということです。しかしもう一方では南部白人が古い見方で黒人たちを見ているということでもあるわけです。市長は黒人たちを、全く意識してはいなかったのですが、固定観念で見ていて、料理は黒人（女性）がするものと位置付けているということです。一九九九年の場合も似たようなものでした。クリスマスに、医者であり、オクスフォードの名士でもある方の家へ招かれたとき、その家でも黒人女性が料理を作っていました。ただし、その家では、「南部の伝統」に従って、黒人女性に料理を作って貰っているのだとの説明を受けました。料理を振舞ってくれた二人の黒人女性はいかにもクリスマスに相応しい上品な服を着た、品のいい方たちでした。そのときの彼女たちへの報酬はクリスマスの特別料金だということでした。

今や電気洗濯機が各家庭にもあり、それが家庭にない人でもコイン・ランドリーへ行けば、洗濯など、機械がやり終えるまでの時間を如何に過ごすかを悩まなければならないほどです。それが私の見たオクスフォードでの洗濯風景です。しかし、ライトの母親のメンフィス時代には洗濯はすべてが手仕事だったわけです。皆さんはアメリカ南部と聞いて、南という言葉に惑わされ、そこはただ暑く、あるいは暑くはなくても温かい所だと思われるかもしれませんが、それは違います。私がいたオクスフォードでは、確かに夏は暑いのですが、冬には雪も降れば、氷も張りました。気温が氷点下になることもそれなりにありました。一度私は気温一七度と言われていた日に震え上がりました。一七度というのは、もうお気づきでしょうが、摂氏ではなく、華氏の一七度で、摂氏マイナス八・三度だったのです。そこの冬は寒く、冬の水は冷たいのです。そんなミシシッピ州オクスフォードから北へ一〇〇キロメートル程のところにあるのがテネシー州メンフィスです。

“Sun is glinting on / A washerwoman's black arms / In cold creek water.”

小川の冷たい水で洗濯をしているのが洗濯女です。「洗濯女の黒い両腕」となっていますから、彼女は黒人女性です。「冷たい小川の水」で洗濯をしているわけですから、彼女は長袖の服を着ていて、両方の袖を捲り上げているはずです。腕の外気に晒された部分に冷たい水が掛かっているわけです。冷たい水での洗濯はきつく、辛いものです。相当の忍耐を要するものです。しかし「洗濯女」は痛いほどの冷たさであるかもしれないにも拘らず、顔を顰めているのでも、顔を歪めているのでもありません。実際には水の冷たさに「洗濯女」は顔を顰め、歪めているかもしれません。しかしここではライトは水の冷たさに「辛い」、「痛い」、「厳しい」と言った「洗濯女」の感覚的反応を覗かせるような言葉など一切使っていません。ここには黒人女性の「洗濯女」をそのような状態に追い込んでいる事態に対する呪いもなければ、それに対する抗議の姿勢などありません。その代わり、ここでは「洗濯女」の「黒い腕」に日の光を光らせているのです。その「洗濯女」が水の冷たさなど全く意に介していないかのようにして。「少年」が laugh しながら、掌に雪を受けているのに対するのと同じライトの目があるばかりです。

ライトは黒人女性が水の冷たさに耐えている姿を描き出しながらも、その女性の腕にただ太陽の光を当て、光らせています。それは生きてあることへの賛歌とも言えるようなものです。病と前後して俳句と出会ったライトは事態が事態であっただけに死を意識せざるを得なかっただろうし、死を意識したぶんだけ、生きてあることの美しさが実感できたに違いないのです。生は彼に輝いたのであり、生の輝きが彼にすべての俗事を乗り越える術を示したのだろうと思えます。俗事を離脱して超越したとき、静かで穏やかになった彼には生きてあったことの一つ一つが、苦悩や苦痛でさえもが、自分のそれに対する処し方が愚かなことでしかなかったとしても、いずれもが「生の輝き」の証に転じていたに違いないのです。

＊二〇〇八年九月二〇日の講座を若干修正したものです

参考文献


Blyth, Reginald Horace. *Haiku*. 4 vols. Tokyo: Hokuseido, 1949~1952.

Haley, Alex. *Roots*. Garden City, New York: Doubleday & Company, Inc., 1976.

Haley, Alex & X, Malcolm. *The Autobiography of Malcolm X*. New York: Ballantine Books, 1992.

Inoue, Masaru. "Julia Wright and Her Mississippi," *Oxford Town*, Oxford, Mississippi: The Oxford Eagle, September 2-8, 2004.

Wright, Richard. *Black Boy*. New York: Harper & Row, Publishers, 1966.

Wright, Richard. *Haiku: This Other World*. Eds. Yoshinobu Hakutani & Robert L. Tener. New York: Arcade Publishing, 1998.

Wright, Richard. *Richard Wright: Early Works*. New York: The Library of America, 1991.

Wright, Richard. *Richard Wright: Later Works*. New York: The Library of America, 1991.

オバマ、バラク。『マイ・ドリーム――バラク・オバマ自伝』白倉三紀子／木内裕也訳、ダイヤモンド社、二〇〇八年。


二〇〇八年九月二〇日に配布した資料。

【資料】

Richard Wright (1908.9.4~1960.11.28)

1

I am nobody: / A red sinking autumn sun / Took my name away.

5 7 5

秋の夕陽（ひ）に／名を奪われて／消えた僕

7

Make up your mind, snail! / You are half inside your house, / And halfway out!

5 7 4

ためらわず／居場所決めろや／かたつむり

25

A horse is pissing / In the snow-covered courtyard / In the morning sun.

5 7 5

朝陽浴び／馬はしとする／白雪に

31

In the falling snow / A laughing boy holds out his palms / Until they are white.

5 8 5

降る雪は／笑う子の掌（て）を／白くして

33

Just enough of snow / For a boy's finger to write / his name on the porch.

5 7 5

白雪に／我が指の書く／我が名前

52

Gazing at her face / Reflected in the spring pond, / The girl grimaces.

5 7 5

水面には／仮面顔映ゆ／春の池

60

Sun is glinting on / A washerwoman's black arms / In cold creek water.

5　7　5

陽は光る／冷たい水の／黒い腕

226

Like a spreading fire, / Blossoms leap from tree to tree / In a blazing spring.

5　7　5

山を越え、／　野を越え燃える／花前線

【参考】

| | |
|---|---|
| 夏草や | Ah! Summer grasses! |
| つはものどもが | All that remains |
| 夢のあと | Of the warriors' dreams. |
| （松尾芭蕉） | (translated by R. H. Blyth) |

| | |
|---|---|
| 春の海 | The sea of spring, |
| 終日のたり | Rising and falling, |
| のたり哉 | All the day long. |
| （与謝蕪村） | (translated by R. H. Blyth) |

# グローバル化の世界の中で「救い」を見出す

——キラン・デサイの『喪失の響き』を読む[*1]——

向井秀忠

## 1　ブッカー賞とは

イギリスの数ある文学賞の中でもっとも話題性があるのはブッカー賞であろう。[*2]一九六九年、フランスのゴンクール文学賞にならって始められたこの賞は、毎年、イギリス連邦およびアイルランド国籍の作家によって書かれた長編小説の中でもっとも優秀な作品に与えられるものである。傍点を付したように、英語で書かれたものであれば、イギリス国籍の小説家に限らない、また、作家にはなく作品に対して与えられるというのがこの賞の特色といえる。イギリスはもとより、オーストラリア、カナダ、ニュージーランドのみならず、アジアやアフリカなど、イギリスの旧植民地の国々の出身者も広く対象となる。しかしながら、英語で書かれた小説に限られることから、旧植民地諸国出身者の場合、多くは、母語ではない英語で書かれた作品が対象となることになる。また、作家ではなく作品に与えられる賞であるため、同じ作家が複数回受賞することもある。事実、オーストラリアのピーター・ケアリー（Peter Carey）は二度ほど受賞しているし（一九八八年と二〇〇一年）、他にも、候補作として何度も名前が挙げられた小説家は多い。

ブッカー賞の審査は、八月に十数冊に絞り込まれたロングリストが発表され、それが九月にショートリストとして五、六冊に絞られ、十月にいよいよブッカー賞受賞作の発表となる。一昨年（二〇〇八年）の場合、ロングリストには十三作品がノミネートされ、そのうちショートリストとして残ったのは六作品、最終的に、インドのマドラスに生まれ、英米の大学で学び、現在はインドのムンバイ在住のアラヴィンド・アディガ（Aravind Adiga）の処女作『白い虎（*The White Tiger*）』が受賞した。受賞後には、「マン・ブッカー賞受賞作」の宣伝文句が刷り込まれた表紙に差し替えられるほか、ショートリストの作品についても「マン・ブッカー賞最終候補作品」と表紙に添えられたペーパーバック版がすぐに書店に並べられるなど、この賞が英語圏の出版界で大きな影響力をもっていることがわかる。[*3]

ブッカー賞の経済的な影響力も大きいことは想像に難くない。売り上げにも大きく反映されることから、当然、各出版社も力を入れてくる。ブッカー賞の結果如何で売り上げが大きく変わるのであれば、選考結果について批判が出てくることも自然であろう。[*4] 審査結果についての不服が制度そのものへの批判につながっていくことはよくあることだが、ブッカー賞の場合、選考対象を「イギリス連邦およびアイルランド国籍」という広い範囲に設定していることもあり、受賞作家たちの地域性の問題は特に興味深い議論を引き出すことになる。

## 2　ブッカー賞受賞作品の最近の傾向

まずは、二〇〇八年の選考結果を参考に、選考対象となった各作品の作者の出身地に注目してみたい。ロングリストの十三作品のうち、多い順に、イギリス生まれは五人（うち、イングランドが四人、ウェールズが一人）、インドが三人、アイルランドが二人、残りは、オーストラリア、スリランカ、パキスタンが各一名となっている。この中からショートリストの六作品に残ったのが、イギリスとインドからそれぞれ二人ずつ、あとはオーストラリアとアイルランドから一人ずつであった。結局、受賞したのはインドの作家であった。この選考過程と結果から明らかなのは、ロングリスト十三作品のうちの五作品、ショートリスト六作品のうちの二作品、そして受賞作品と、インド亜大陸の作家たちの作品が高く評価されている傾向を窺うことができる。

ここ数年の受賞作品を見ると、この傾向が単年度のものでないことがわかる。これまでに四〇名のブッカー賞受賞作が生まれているが、全体の合計ではイギリスが十九人、アイルランド、インド、オーストラリアが四人、南アフリカが三人、カナダが二人、そのほか、スリランカ、トリニダード・トバコ、ナイジェリア、日本、ニュージーランドが各一人となっている。この数字を見る限り、群を抜いて多いのはイギリス出身者のように見える。しかしながら、年代別に数字をまとめ直すとまた別な見え方をしてくる。一九六九年にイギリスのP・H・ニュービー（P. H. Newby）が受賞、七〇年代には、イギリスが七人、アイルランド、トリニダード・トバコ、南アフリカ共和国が各一名であり、圧倒的にイギリス出身の小説家が多い。それが、八〇年代になると、イギリスが四人、オーストラリアが二人、インド、南アフリカ、ニュージーランド、日本がそれぞれ一人ずつ、九〇年代にはイギリスが六名、アイルランド、インド、スリランカ、南アフリカ、ナイジェリアが各一名と出身国の範囲が広くなってくる。さらに二〇〇〇年代に入るとこの傾向は加速し、この八年間の受賞者は、アイルランド、インド、オーストラリア、カナダがそれぞれ二名ずつ出しているのに対し、イギリスは一名しか輩出していない。初期には、ブッカー賞は「イギリス」の文学賞であると自然に呼ぶこともできていたのが、現在では、名目通りの「イギリス連邦およびアイルランド」の文学賞となってきていることがよくわかる。[*5] 中でも顕著なのは、ここ数年、インドをはじめとするアジア圏の小説家の作品が高く評価されていることが挙げられるであろう。一九九三年、ブッカー賞の二十五周年を記念して選ばれた「最優秀ブッカー賞（The Booker of the Bookers）」が、インド出身のサルマン・ラシュディ（Salman Rushdie）の『真夜中の子供たち（*Midnight Children*）』であったのも象徴的といえよう。

賞がらみの批判めいた意見が出されるのは仕方ないものの、「最近の傾向として、ブッカー賞は英国本土人作家よりも、もと英国植民地だった地域出身の作家を、不自然なまでに優遇しているのではないか、ということが公然と問題視されるようになっている」[*6] という指摘を単なる思い込みとして無視することはできない。というのも、「旧植民地作家の『エキゾチシズム』や『他者性』が、現代の資本主義社会では商品価値に直結しており、ポストコロニアル的価値観を標榜するはずの小説が、むしろコロニアリズム体制を強化する、という構図」を表しているといった、植民地政策の現代的な問題へとつながるものであるからだ。*7

ただし、いくつか問題があるにしても、ブッカー賞という制度には評価すべき点がいくつもあることは確かである。マン・ブッカー賞のホームページでも自負して述べられているように、一九九七年受賞の『小さきものたちの神（*The God of Small Things*）』を書いたアルンダティ・ロイ（Arundhati Roy）、二〇〇二年の『パイの物語（*Life of Pie*）』のヤン・マーテル（Yann Martel）、そして、二〇〇三年の『ヴァーノン・ゴッド・リトル（*Vernon God Little*）』のＤＢＣ・ピエール（DBC Pierre）など無名であった小説家たちを世界に知らしめた功績があるのは確かである。*8

今回は、一九八一年のラシュディ、そして一九九七年のロイに続き、二〇〇六年と二〇〇八年と立て続けにブッカー賞を受賞するなど、ここ十数年で急速に評価が高まってきたインド出身の小説家による作品の中から、二〇〇六年のキラン・デサイ（Kiran Desai）の受賞作『喪失の響き（*The Inheritance of Loss*）』について考えていきたい。

## 3　キラン・デサイという小説家

キラン・デサイは、一九七一年にインドのニューデリーで生まれ、十四歳まではインドで暮らし、その後はイギリスやアメリカで教育を受け、コロンビア大学で創作を学んだという経歴の持ち主である。一九九八年の処女作『グアヴァ園は大騒ぎ（*Hullabaloo in the Guava Orchard*）』はラシュディらに絶賛され、ベティ・トラスク賞を受賞した。第二作目にあたる『喪失の響き』でブッカー賞（女性としては最年少）と全米批評家協会賞（The National Book Critics Circle Award）を受賞するなど、現在、高く評価されている小説家である。過去三度もブッカー賞候補にノミネートされたアニター・デサイ（Anita Desai）を母親に持ち、このインドの英語小説の代表的女性作家からの影響が大きいことを出版社とのインタビューの中で無邪気なまでに自ら認めている。[*9] さらに、好きな作家として、インドのR・K・ナラヤン（R. K. Narayan）やカズア・イチグル（Kazua Ichiguru）のほかトルーマン・カポーティ（Truman Capote）、テネシー・ウィリアムズ（Tennessee Williams）、フラナリー・オコーナー（Flannery O'Connor）らのアメリカ南部作家、大江健三郎、ガブリエル・ガルシア＝マルケスらを好きな作家とし、もっとも好きな作品にはメキシコのジュアン・ラルフォ（Juan Rulfo）の『ペドロ・パラモ（Pedro Paramo）』を挙げている。[*10] このように、彼女の文学的興味は特定の国に偏らずに世界的に広がっているだけでなく、多感な時期に生まれ故郷のインドを去り、以後は英米で教育を受け、現在もアメリカに住み続けているキラン・デサイを、インドに生まれ、インドに小説の素材を求めているからといって、「インド」の小説家とすることに大きな抵抗感を覚えるのも事実である。

また、母親アニター・デサイの小説『デリーの詩人（*In Custody*）』の翻訳者がインドの家を訪問した際の感想を読めば異なった印象を受ける。

本書の作者であるアニター・デサイ氏に、翻訳者である私は実の所お目にかかったことがない。一度、デリーのお宅に伺ったことがあるが、インドにはめったに帰ってこないとのことで、お会いできなかった。……別に御本人と面会がかなわなかったからと言って、どうということはなかったが、高級住宅地にあるそのお宅の立派なことには驚いた。夫のデサイ氏は一流企業の重役の地位にある方なので、裕福な暮らしをしていて不思議ではないのだが、インド人で英語で創作する作家というものが、インドの中でどのような社会階層に属しているのか、その一例を目の当たりにした感があった。[*11]

もちろん、英語で執筆を行っているすべてのインド人作家がこのような裕福な層であるとは限らない。それでも、「経済的に恵まれた階層の出身者が、英語で創作することにより、創作のためのさらに恵まれた環境を与えられるというのが、インド人英語作家についての一般的なイメージ」[*12]を示す事実であることは確かであろう。インドにおいても、デサイ母娘のような存在は特殊であることを忘れるべきではないが、キラン・デサイがインドという自分の出自にこだわっていることは明らかである。こうした立場の微妙さは、母語ではない言葉を使って作品を書いている小説家に共通するものといえるのかもしれない。

キラン・デサイの第二作目『喪失の響き』[*13]の構成は一見すると複雑であるように思われる。この作品は、ゴルカ民族解放戦線運動（GNLF）が起こった一九八〇年代後半を背景に、ヒマラヤ山脈カンチェンジュンガを望むチューオーユーと呼ばれるお屋敷を中心とするカリンポンという北ヒマラヤの小さな町を舞台とし、主人公の十七歳の少女サイ、サイの祖父である元判事、そしてサイの祖父が雇っている料理人の息子でアメリカに不法滞在しながら働いている少年ビジュという三人の物語が無作為に見えるように組み合わされたものである。サイは自分の家庭教師である青年ギャンと一時は相思相愛になりながら、やがては階級の違いなどから恋愛が挫折する物語の中心となる。祖父の元判事については、ケンブリッジに留学した彼が帰国後に判事として働くようになってからの夫婦関係の挫折とその後の人生が中心となり、現代のアメリカでマイノリティとして働かざるを得ない不法労働者の苦難を中心とするビジュの物語が合わせて語られる。いずれの物語においても、異文化との接触によって生じる自己同一性の喪失による悲劇性がその中心にあることを容易に読み取ることができる。

サイの父親はインド空軍のパイロットであったが、優秀であったことからインターコスモス

（宇宙開発）計画の候補者として認められ、夫婦ともにモスクワに住むことになった。そのため、娘のサイは六歳のときからインドの修道学校に預けられる。その後、両親が交通事故で亡くなったため、連絡先として登録されていた母方の祖父である元判事のもとへ返されることになった。この元判事は、妻を失なった現在は人里離れた山の中にスコットランド人が造ったお屋敷を買い取って暮らしていた。一緒に暮らしているのはマットと呼ばれる雌犬だけ、ほかに年老いた住み込みの料理人を雇っているだけであった。

サイと元判事の置かれた状況は、作品の冒頭で強奪されるそれぞれのトランクに書かれた文字が端的に語っている。元判事のものには「ミスター・J・P・パテル、SSストラスネイヴァー号」、サイのものには「ミス・S・ミストリー、聖アウグスティン修道学校」と黒いブリキ製のトランクに白い文字で書かれている（八）。元判事が若い頃にケンブリッジに留学した際に使い、両親を事故で失ったサイが預けられていた修道院から祖父の屋敷へ来るときに使われたものであった。そこに書かれた文字は、インド人として生まれながらもイギリス文化の影響を大きく受けている二人の状況を象徴的に表したものと読み取ることができる。まずは、もっとも印象的だと思われるサイの祖父の物語から見ていきたい。

## 4　サイの祖父・元判事の物語

サイの祖父は、ケンブリッジ大学への留学を果たし、最後にはインドの首席裁判官にまで上り詰めた旧植民地のエリート層に属している。ところが、苦労して手に入れた成功は必ずしも彼に幸福をもたらしたわけではなかった。むしろ、夫婦関係は極めて悲惨なものになっていく。「異文化との接触を、Cambridge への留学というかたちで経験した元判事の西洋への憧れと屈辱、同胞への蔑みと優越感という屈折した思い[*14]」と、彼の苦悩をまとめることができるであろう。それでは、優越感と挫折感が奇妙に入り混じり歪んでしまった元判事の半生をまずは見ていこう。

まだジェムバイと呼ばれていた子ども時代には将来を期待され、修道学校に入ったことで初めて西洋の文化に触れることになった。

校舎の入り口には、ヴィクトリア女王の肖像があった。派手なカーテンのようなドレスを着、ふち飾りのあるケープを肩に掛け、弓矢のような羽飾りの付いた変わった帽子を被っていた。毎朝その下を通るたび、あの蛙みたいな顔には説得力があるとジェムバイは思った。あんなに飾り気のない女性がたいへんな力をもっていたことにも感心した。その不思議さについて考えれば考えるほど、女王とイギリスに対する尊敬の気持ちが高まった。（五八）

成績優秀なジェムバイに対する一族の期待は高まり続け、いよいよ地域で初めてイギリスの大学へ進学することが決まると結婚相手探しが始まった。白羽の矢が立ったのは裕福な商人の十四歳の娘で、二人はお互いの顔も十分に知らないまま結婚式を迎えた。異性に対して奥手な夫とまだ幼い妻は周りをやきもきさせるが、それでも、ジェムバイは彼なりの気遣いを示し、若い二人は束の間の幸福を手に入れることもあった。

ジェムバイは、家族が宝石を売りに出掛けているとき、父親のヘラクレスの自転車に妻を乗せてあげようとした。彼女は首を振ったが、ジェムが自転車にまたがると、子供らしい好奇心に涙は失せて、自転車の後ろに斜めに座った。「脚を外に伸ばして」そう言ってジェムはペダルを漕いだ。彼らはどんどん進んでいった。どんどんスピードを上げて、木々や牛たちのあいだをヒューヒューと走り抜けた。

ジェムバイは振り返り、彼女のまなざしを見た――ああ、この世の誰も、こんな目をしてはいない、こんなふうに世界を見つめてはいない……。

さらにペダルを踏んだ。地面は斜めになり、坂道を飛ぶように下っていった。心臓が一瞬、緑の葉っぱと空のあいだに置き去りになった。(九二)

自転車に乗って疾走する若い夫婦が感じたであろう純粋な喜びを見事に描き出した場面である

と同時に、帰国後に同じ人間が見せるグロテスクなほどの自己中心的資質を際立たせる役割をも果たしている。

自分に向けられる人種偏見に満ちた周りの視線に対して自意識過剰なまでに反応し、そのことから生じた劣等感、そして故郷の期待に応えなくてはいけないという重圧感から、ジェムバイのイギリスでの生活は決して幸福なものではなかった。

ジェムバイの心は捻じれていった。彼は自分を、周囲の人々よりも変だと感じ始めた。自分の肌の色は変だと、アクセントも変わっていると思った。どうやって笑えばいいか忘れ、唇を持ち上げるだけで精一杯で、そのときでさえ人に歯や歯茎を見られることが耐え難く、手で口を覆った。歯や歯茎はあまりに個人的な感じがした。不快感を与えることを恐れ、服から身体を出すことがほとんどできなかった。臭いと言って責められたことを気にして、執拗に体を洗うようになった。毎朝、濃厚なミルクのような眠りの臭いをごしごし洗い落とした。それは家畜の臭いで、目が覚めると身体を包み、パジャマの繊維を満たしていた。彼は生涯、靴下と靴をはかずに人前に出ることがなかった。光より影を好み、天気のよい日には日覆いを掛けた。太陽が自分の醜さをあばくのではないかと疑ったのだ。（四〇）

しかしながら、苦しみながらも努力を続け、運のよさもあって何とか学位を取得することができ、若き成功者として凱旋帰国を果たす。しかし、イギリスで五年間を過ごした後、彼の眼に映るインドは以前とは明らかに違うものに感じられた。自分の妻とて同様であった。

ジェムバイは妻の顔が好きではなかった。その顔に自分の憎しみを探そうとして、代わりに美しさを見出してしまったが、それを切り捨てた。かつては、自分の心を水のようにしてしまうこの美しさを引き寄せるのが怖かったのだが、今やそれは問題外だった。インドの娘たちはけっして、イギリスの娘ほど美しくはないのだ。(一六八)

以後、妻にまつわるすべてが反イギリス的とジェムバイには映り、一層、反感を募らせ、妻に対する態度はますます硬直化していった。つまり、妻はインド人らしく怠惰であり、便座の上にしゃがんで用を足すような下品さを目の当たりにすると、抑えられない怒りから彼女の頭を便器の中に突っ込んでしまう。そんな様子を傍から見ていた使用人たちも当然のように彼の妻に権威を認めず、ジェムバイがいないときにはひどい態度で接するようになる。こうした虐待にさらされ続けた結果、彼の妻が精神的に不安定になってしまうのは当然であろう。そして、ある事件をきっかけに彼の怒りは頂点に達し、とうとう暴力を振るうようになってしまう。それが行き着く最悪の結果が自分に降りかかってくる災難を恐れたジェムバイは、周りの反対を無視して妻を実家に送り返してしまう。その後、実家からも追放された妻は、裕福ではない姉の一家に身を寄せて不幸な一生を送ることになった。

こうした出来事は、ジェムバイ自身のその後の人生にも悲劇的な結果をもたらせることになった。人里離れたチューオーユーという屋敷での彼は、限られた狭い範囲の交際にこだわり、料理人のひとりを除いては、愛犬以外に接するものはほとんどなかった。彼がこの犬に注ぐ愛情は異常なほどで、雌であることから、この犬が彼の妻代わりであることは明らかだ。不幸にしてしまった妻に対する贖罪の思いの無意識的な表れなのか、単なる自己愛の行き過ぎたものであるのか、その動機はいずれか定かではないが、彼の老後は喜劇的と感じられるほどに悲劇的である。

ジェムバイの悲劇はどこから来たのか。妻を実家に追い返した息子を諫める中で、彼の父親は「お前を外国にやったのは間違いだった。まるで知らない人間のようになってしまったよ」(三〇六)と後悔の念を漏らす。この嘆きがすべてであろう。立身出世の成功者に見えるはずのジェムバイ自身も植民地主義の犠牲者であるといえる。フランツ・ファノンが『黒い皮膚・白い仮面』の中で指摘した、「一つの国語を話すということは、一つの世界、一つの文化を引き受けるということである。白人になりたいと思うアンティル人は、言語という文化の道具をわがものにすればするほど白人に近づくであろう」[*15]の中の「アンティル人」を「インド人」に、また「歴史的に見て、黒人がフランス語を話したがっている、ということは理解する必要がある。なぜなら、それは、五十年前にはまだ黒人には禁じられていた門を開くことを許す鍵だからである」[*16]の「黒人」を「インド人」に、「フランス語」を「英語」に変えてみる。そうすれば、ここでのファノンの指摘はそのままジェムバイにも当てはまるものとなる。

イギリスのインド支配において行政と教育の用語として英語を導入したことから、十九世紀前半から在地エリートを養成するための英語による教育が重視された。その中でも特に重視されたのが「英文学」であるが、その目的は普通に考えられるような文学的教育などではなく、あくまでも道徳教育が目的となっていた。[*17] 文学作品を通して、イギリスの価値観をインドの人たちに埋め込もうというのだ。このようにして養成された在地エリートが自国の同胞たちを管理していくことになるが、ジェムバイもそんなエリートのひとりとなったのである。

## 5　女主人公サイの物語

孫娘のサイも修道学校で育てられ、インド人でありながら、自国の文化よりもイギリス文化の方により大きな影響を受けている。そんな彼女も恋人との関係において祖父と似た経験をすることになるが、サイの場合、それぞれが属する階級の違いが大きすぎた。そのことを象徴的に表すのが二人が一緒に食事をする次のような場面である。

ギヤンとサイの恋は花開き、政治的な混乱は依然として背景に留まっていた。

チャツネに浸けた蒸し餃子を食べながら、ギヤンが言う。「きみは僕のモモだよ」

サイは答える。「あなたは私のモモ」

ああ、愛の蒸し餃子——二人はさまざまな愛情表現とあだ名を次々思いついた。静かな時間に思いつくそうした名前を、まるで贈り物のように互いの上にあてがってみる。モモとは生地に包まれた羊の肉、つまり何かにふっくらと包まれた心地よいもの——守られていることと愛情を、その名前は意味していた。

だが、ゴンプ・レストランで食事しながら、ギヤンは自然と手で食べ、サイはつねにテーブルの上の道具を使って食べた。ロティをまるめるときはスプーンの側面を使い、ほかの食べ物はスプーンの上に掬った。この違いに二人は困惑し、見なかったことにした。(一四〇)

二人ともが気づかないふりをした「この違い」は、単なる食事の習慣といった些細なものではなく、両者の生き方そのものを決定的に分かつものであった。この他にも、クリスマスについても二人の考え方は大きく異なっている。ギヤンを元気づけようとしてサイがクリスマス・パーティーのことを話せば、反対に独立運動に共感し始めていた彼を苛立たせてしまう。

「僕はクリスマスなんかに興味はないんだ!」ギヤンは叫んだ。「どうしてクリスマスなんて祝う? きみはヒンドゥー教徒なのに、ラマダン最終日やグル・ナーナクの誕生日は祝わないだろ。ドゥルガ・プージャやダシュラ、チベットの新年だって祝わないのに」

サイはそのことについて考えた——なぜだろう？　クリスマスはつねに祝ってきた。修道学校の影響ではない、サイはあの学校を心底憎んでいるのだから。でも……。

「まるで奴隷だな。それがきみたちさ。西洋を追いかけてひとりで慌ててるんだ。きみたちみたいな人間がいるせいで、僕たちはどこにも行けない」

思いも寄らない悪意に唖然としながら、サイは「違う」と言った。「そんなことはない」

「じゃあなんだっていうんだ？」

「クリスマスを祝いたいと思えば、祝うし、ディワーリを祝いたいと思わなければ祝わない。ちょっと楽しむことのどこが悪いの？　クリスマスはほかの祝日と同じくらいインドのお祭りだわ」

この言葉は彼を、非寛容的、反ガンディー的な気持ちにした。

「好きにすればいいさ」ギヤンは肩をすくめた。「僕には関係ない——そんな言い訳はきみが馬鹿だってことを示すだけさ」

彼はその単語を入念に発音した。サイが傷つくのを見たかった。

「ふうん、じゃあ家に帰れば？　私の頭がそんなに悪いなら、勉強なんて教えても仕方ないでしょう？」

「確かにそうだな。帰るよ。きみなんか教えても仕方ない。きみは物真似がしたいだけ。それはまったく明らかだ。自分の頭で考えられない物真似人間さ。わからないのか？　きみが真似しようとしてる連中、やつらはきみなんか要らないのさ!!」

「私は誰の真似もしていない!」

「きみはクリスマスを祝うのが自分の頭で考えたことだとでも思っているのか? まさかそこまで馬鹿じゃないよな?」

「そんなに賢いんなら」とサイ。「どうしてあなたはまともな職にもつけなかったのかしらね? 不採用、不採用、不採用。どの面接もぜーんぶ」

「きみたちみたいな人間がいるからだ!」

「あら、私のせいなの……でもあなた、私は馬鹿だって言ったわよね? 馬鹿はどっちかしら。判事のところへ行って訊いてみればいいわ。馬鹿なのはどっちだというかしらね」(一六三―六四)

ギヤンの議論は西洋文化に盲目的に追従することで自国の文化を貶めてしまうことに対する正当な批判のようにも見えるが、実際は、共感を覚えている自主独立運動への彼の理解度は低く、単に雰囲気に流されているだけというのが事実である。サイに対して抱いた怒りは、むしろ階級社会ゆえに自分が報われることがない現実に対する個人的な苛立ちにあるとわかれば、彼の言葉も非常に皮肉的に読むことができる。

二人の決別をはっきりと印象づけるのは、その後、ギヤンを探して彼の家にたどりついたサイが、彼の家の貧しさを目の当たりにした場面である。

家はギヤンの話し方、彼の英語、服装、学校教育などとまるで噛み合っていなかった。そして、彼の未来にも。家族のもっているものは、ひとつ残らずギヤンにつぎ込まれていたのだ。髪に櫛を通し、教育を受けたひとりの少年、この広い世界で最良の賭けに出るために、十人あまりの家族がこんなふうに暮らしている。姉の結婚も弟の教育も、祖母の入れ歯も何もかもが、ギヤンが独り立ちして出世し、見返りを寄越してくれるまで、沈黙のうちに保留されている。（二五六）

サイに貧しい生活ぶりを見られたことで、一切のプライドを失ってしまったギヤンは逆上する。「文明（"civilization"）」が大事だとサイが主張すれば、「学校と病院」こそが大事なのだと反論するギヤン（二五八）。表面的には、西洋化されたサイと自国文化に固執するギヤンという異文化間の齟齬が二人を隔てているように見えるが、実はそれぞれが属する社会階層間の文化の違いの方が大きいように思われる。

## 6　アメリカのビジュ

元判事とサイの物語と並行して語られるのが、元判事のところで働く老料理人の息子でアメリカに不法滞在しながらお金を稼いでいるビジュという少年の物語である。一攫千金による現状打破を夢見ながら渡米したものの、現実はそんなに甘いものではなく、職を転々としながら、雇い主には不法滞在の弱みにつけ込まれ、なかなか楽な生活を送ることはできない。かといって、現地で知り合った仲間のように、ビザ取得を目的に偽装結婚をするほどの要領のよさも勇気もない。しかし、どんなに悲惨な状況にあっても、ビジュは元判事のように自己同一性の喪失感を味わうことはない。もともと使用人の息子である彼にとって、アメリカはあくまでもお金を稼ぐための場所であり、それ以上でもそれ以下でもない。そのため、アメリカ白人はもとより、裕福な在米インド人たちの生活ぶりに触れたとき、その優雅な生活に憧れや羨ましさを感じたにしても、決して同化しようなどとは思わないのである。自分がエリートではないという意識が、彼が異文化に深入りすることを避けさせているのである。

孤軍奮闘していたビジュも、父親の体の不調や故郷が政治的に不安定な状態にあることを耳にすると、父親のことが心配になり無性に会いたくなる。我慢できず、思い切ってお金のかかる国際電話を掛けるが、それでも十分でないと感じた彼は、仲間が止めるのにも耳を貸さず、そのまま帰国してしまう。しかしながら、帰郷の途は必ずしも平穏なものではなく、父親のもとにたどり着く直前になって、GNLFの連中に身ぐるみをはがされすべてを強奪されてしまう。文字通りの無一文になってしまったビジュが念願であった父親との再会を果たす場面で小説は終えられる。

「父さん?」影が言った。顔に皺を寄せ、頬を赤らめていた。

雲が切れて頭上にカンチェンジュンガが現れた。この季節には、朝早くにだけこうして現われるのだ。

「ビジュ?」ささやくような声で料理人が言った――、

「ビジュ!」そして叫んだ。ほとんど取り乱して――。

サイが外を見ると、門が開いた瞬間、ふたつの影が互いに飛びつき合っているが目に入った。

カンチェンジュンガの五つの峰が金色に輝き、その光を見ると、ほんのわずかでも、真実はそこに現われているのだと感じることができた。

そう、ただ手を伸ばして摑みさえすればいいのだ。(三二四)

犬の失踪の責任を問われたことで元判事に叩きのめされた料理人と無一文にされた息子との再

会は最悪の雰囲気となってもおかしくないはずなのに、ここで描かれる父と息子の再会の場面には、ある種の「救い」が込められているように読み取れる。親子の無私の愛がすべての問題を解決すると解釈してしまうことは、この作品そのものをあまりにも陳腐なものにしてしまうであろう。それでもなお、この場面に至るまで、料理人の息子を思い遣る気持ち、そして、将来の可能性を含め、何もかもを捨て去って父親のもとへ戻ってきたビジュの父親への愛情が十分に描かれてきただけに、そんな読み方でさえも力をもってくる。

そして、そのような「救い」が訪れるのは故郷の地でしかない。久しぶりに故郷の風景を目の当たりにしたビジュは次のように感じている。

> こんな広大な景色を、ビジュは長いこと見ていなかった。圧倒的に巨大な切り立った山裾と、その脇道に落ちかかるがれ土。ところどころで山ぜんたいがひとりでに落ちかかってきて、岩と一緒に氷河のように広がり、木々も根こそぎ引き抜かれていた。不安定な道の痕跡はこうした壊滅の向こうに消えていた。ビジュは巨大な荒野や、力強いつる植物、溢れる緑、まるで地球や大気そのものの音のように大きな蛙の鳴き声といったものに心が躍った。（三一五）

料理人とビジュの親子は、お互いを思い遣る強い気持ちとともに、皮肉なことに、失うような自負心や傷つけられるエリート意識などがなかったことが幸いし、自らが寄って立つべき基盤を見失うことがなかった。そのお陰で、自分の故郷の地に戻り、肉親の無私の愛に触れることで、もう一度、自分自身を確認し、やり直していくことを可能にする力が与えられるのである。この点が元判事とは大きく異なっている。

## 7 『喪失の響き』の新しさ

以上、述べてきたように、『喪失の響き』の中では三人の登場人物がどのように自らの異文化体験を昇華させていくのかが中心テーマとして描かれている。

在地エリートとしての期待を背って渡英し、人種偏見や自らの劣等感に苛まれながらも勉強を続け、当初の目的を達成して主席判事となったサイの祖父。しかし、その過程で起こったことは、職業上の専門知識を身につけ、イギリス文化に盲目的に同化しただけではなく、宗主国の人間が植民地に対して抱く偏見に満ちた感受性までも身につけることであった。イギリスにいるときにはインド人としての自分に劣等感を抱き、帰国すれば、母国の同胞たちの立ち居振る舞いに軽蔑心を抱く。そんな屈折した元判事が失ったものは大きい。お互いを慈しむ愛情を育てることができたはずの妻に対し、インド風であることで不当に反感を覚え、やがてそれは「憎しみ（"hate"）」（一六五）へと変わっていく。やがて、その「憎しみ」は抑えきれない暴力へと発展し、夫からの繰り返される不当な虐待行為に妻の精神はおかしくなってしまう。こうして妻を失った元判事は、愛犬に異常なまでに愛情を注ぐことで自らの精神状態を保っている。いわゆる移民第一世代に匹敵する立場の元判事が妻に覚えた「憎しみ」は、実は妻という個人に向けられたものではなく、宗主国イギリスに対するものであり、延いてはインド人としての自負心と自己同一性を失ってしまった自分自身に向けられたものと解釈できるであろう。ギヤンが批判した西洋の「物真似」に終始した元判事は異文化体験を昇華させることに失敗したのだ。

アメリカに渡って悪戦苦闘するビジュも移民第一世代に入るのであろう。しかし、彼の場合、元判事のような不自然な気負いやエリートとしての自負心がなかったことで、自分をアメリカと同化させたいという意識は希薄であった。そこにいる目的は、専門的な知識を身につけるとか、外国文化を学ぶといったことではなく、あくまでも目先のお金を稼ぐこと、そしてうまくいけば永住権を得て、お金を稼ぎ続けるという即物的なことだけなのである。そう割り切れれば、元判事のような自己同一性喪失の危機に直面する可能性は少ない。

最終的に、ビジュはそうした目先の利益ではなく、父親に対する肉親の愛情を優先させ、せっかくアメリカで築き始めたもののすべてを捨て去ることになる。そして、アメリカで得たすべての財産を失った悲劇的な状態で父親との再会を果たすが、その場面から読み取ることができるのは悲惨さではなく、むしろ故郷の地に守られた将来への希望であるように感じられる。

『ニューヨーク・タイムズ』紙の書評は、この作品が「グローバル化、多文化主義、経済の分配不均等、原理主義、そしてテロによる暴力」といった現代的問題を扱った「ポスト九・一一的なすぐれた小説」として、怒りと絶望を描いた作品として紹介している。そして、登場人物たちには「成長も贖いの可能性は見当たらず」、「作品のユーモアあふれる雰囲気に大いに救われているものの、多くの読者にとって、『喪失の響き』は容赦なく厳しい見方を印象づける」ものとしている。[*18]

こうした見方がある一方、「苦しみつつも、過度に悲劇的になることなく様々な不幸を淡々と受け止めている」[*19]と評されるサイはどうか。西洋化された意識をもつことに自覚的でないだけではなく、そのことを恋人ギヤンに批判されても動じることはない。恋人との議論の場面では相手の調子につられて激昂することもあるが、恋人との別離について心の底から悲観するようなこともないように見える。彼女には、異文化体験を昇華させることに失敗した祖父のような悲劇性は見出せない。それどころか、小説の最後の場面において、将来への希望のような「救い」を感じるのは当の料理人親子ではなく、それを傍から見つめるのはサイなのである。

サイのそのような態度から、彼女自身の浅薄さを指摘することも、サイの心理描写が平坦として作者の技量を批判することもできるのであろうが、本当は、ここにこそ、この作品の新しさを読み取るべきなのではないだろうか。

ＨＧ（『グアヴァ園は大騒ぎ』）で発揮されたデサイの力が、Booker 賞受賞の第二作 *The*

*Inheritance of Loss* では見事に成熟している。この小説では喜劇的な要素とパセティックな要素が統合され、独特の魅力的な世界を創り出している。歴史の中に生きる人々の悲劇と喜劇、許しと希望を、心の中のドラマをも含めて描き出すのに、詩的イメージが効果的に用いられている。[*20]

確かに、『ニューヨーク・タイムズ』紙の書評が指摘するように、『喪失の響き』は異文化の衝突によって生じる悲劇的な物語を語っているのであるが、それが悲劇の方向へと一方的に流れ続けているわけではない。特に、サイやビジュらの若い世代は、現実の不幸について「過度に悲劇的になることなく」、むしろ「淡々と受け止めて」いて、それがこの世代がもてる強さとなっている。つらい現実ばかりに直面せざるを得ない現代にあっては、元判事のように不幸を真正面から受け止めてすっかり巻き込まれてしまうのではなく、サイやビジュのように、どんな不幸に対しても飄々と対処できる姿勢が必要なのではないか、そんな主張を読み取ることができる。インド系の批評家による読み方と並べてみると、こうした見方は当事者意識を欠いた、あまりにも楽天的に過ぎる読み方なのであろうか。

「喜劇的な要素とパセティックな要素が統合」されていることは、『喪失の響き』にだけに指摘できる特徴ではなく、例えば、キラン・デサイの処女作や彼女の母親であるアニタ・デサイの『デリーの詩人』などにおいても指摘できる。これがインドで書かれている英語小説に共通するひとつの傾向であれば、グローバル化が進み、画一化されてきた、そんな世界の中で生き延びていくために必要な社会との距離間の取り方のひとつを示しているように思われてくる。だからこそ、英語圏においてインドの英語小説の評価が高まり、それが続けざまのブッカー賞受賞につながっているのかもしれない。

注

＊1　本稿は、二〇〇八年度フェリス女学院大学横浜市民大学講座（第七回）において行った「イギリス小説の伝統と新しい流れ――ブッカー賞の作品を中心に」を大幅に加筆・修正し、改題したものである。

＊2　スポンサーが変わり、現在の正式名称は「マン・ブッカー賞」となっている。ブッカー賞については、マン・ブッカー賞のホームページ（http://www.themanbookerprize.com/）のほか、下記のものに詳しい。武藤哲郎、「二〇〇一年ブッカー賞―文学産業と小説の質について」、『大妻女子大学紀要―文系』第三四号、二〇〇二年三月、四三―五二頁。

＊3　二〇〇九年のマン・ブッカー賞は、イギリスのヒラリー・マンテルの *Wolf Hall* が受賞した。今回は、ロングリストには十三編がノミネートされ、著者の出身地の内訳は、イギリスが九名、アイルランドが三名、南アフリカが一名となった。ショートリストは、イギリスが四名、南アフリカが一名。最近の傾向とは異なり、圧倒的にイギリス出身者が多くなっている。また、A・S・バイアット、セアラ・ウォーターズ、ウィリアム・トレヴァーらベテランの作品、そして過去に受賞したことのある作家の作品も多くノミネートされているのも特徴である。保守化の方向に傾

いているということであろうか。ブッカー賞の影響の大きさについては、日本においてもブッカー賞受賞作品の多くが翻訳されていることからもわかる。筆者が調べただけでも、一九七〇年受賞のバーニス・ルーベンス『選ばれし者』鈴木和子訳（ヤマダメディカルシェアリング創流社）から二〇〇七年受賞のDBC・ピエール『ヴァーノン・ゴッド・リトル―死をめぐる二一世紀の喜劇』都甲幸治訳（ヴィレッジブックス）まで、実に二十八もの作品が日本で翻訳されている。

＊4　選考過程を含む制度としてのブッカー賞への批判については、先の武藤報告論文のほか、吉田徹夫監修、福岡現代英国小説談話会編、『ブッカー・リーダー――現代英国・英連邦小説を読む』（開文社出版・二〇〇五年）の「まえがき―ブッカー賞、そしてブッカー賞受賞作家を読むこと」も参考になる（九―一一頁）。

＊5　受賞作家の国籍について決めることは簡単ではない、例えば、ここで「日本」に分類したカズオ・イシグロ（Kazuo Ishiguro）は、日本で生まれながらも、四歳のときに家族とともにイギリスに移住し、その後の教育はすべてイギリスで受け、イギリス国籍を取得した。現在は、日本語を話すこともできないという。このような経歴のイシグロについて、生まれだけで「日本」に入れてしまうことには大きな抵抗がある。ただ、イシグロの場合、受賞作までの前二作が日本を舞台にしていることや、受賞時に日本生まれであることが強調されたことから、受賞作家の出身地の多様性を示すものとして、ここでは「日本」に分類することとした。他にも、同様な境遇の小説家がおり、現在の国籍よりも出身地を重視して数をまとめたことをあらかじめ断わっておきたい。

＊6　吉田、一〇頁。

＊7　吉田、一〇―一一頁。Graham Huggan, "Prizing 'Otherness': A Short History of the Booker", *Studies in the Novel*, Vol. 29, No. 3, Fall, 1997, pp. 412-32を参照のこと。

*8 "Kiran Desai: Exclusive Interview", *The Man Booker Prize* (http://www.themanbookerprize.com/prize/about). アクセス：二〇〇九年三月一九日。

*9 "An Interview with Kiran Desai", *Bold Type* (http://www.randomhouse.com/boldtype/0599/desai/interview.html). アクセス：二〇〇九年三月一九日。

*10 "Inheritance of success: Kiran Desai," *One India* (http://living.oneindia.in/celebrity/other-celebrities/kiran-desai.html). アクセス：二〇〇九年三月二一日。

*11 高橋明、「インド人作家による英語文学について」、アニター・デサイ『デリーの詩人』現代インド文学選集6（めこん・一九九九年）添付の小冊子、一頁。

*12 高橋、二頁。

*13 テキストには、Kiran Desai, *The Inheritance of Loss.* 2006, rpt. London: Penguin, 2007を用いた。引用後の数字はこの版による頁数を示す。なお、日本語の引用には基本的に谷崎由衣訳（早川書房・二〇〇八年）を用いたが、必要に応じて修正した個所もある。

*14 榎本眞理子、「The Inheritance of Myth—Kiran Desaiの小説」、『英語青年』二〇〇七年一月号、「特集・インドの英語小説」、二六頁。

*15 フランツ・ファノン、『黒い皮膚・白い仮面』海老坂武・加藤晴久訳（みすず書房・一九九八年）六一頁。

*16 ファノン、六二頁。

*17 井坂理穂、「インド近現代史とインドの英語小説」、『英語青年』二〇〇七年一月号、九–一一頁を参考にした。

*18 Pankaj Mishra, "*Inheritance of Loss*, by Kiran Desai: Wounded by the West", *The New York Times* *on Line*, February 12, 2006.（http://www.nytimes.com/2006/02/12/books/review/12mishra.html?ex=1297400400&en=a3d469a1782b2d59&ei=5088&partner=rssnyt）アクセス：二〇〇九年三月二三日。

＊19 榎本、二六頁。

＊20 榎本、二六頁。

# もうひとつのニューフロンティア

## ――ケネディと平和部隊――

梅﨑　透

### はじめに

二〇〇九年一月、バラック・H・オバマ第四四代アメリカ合衆国大統領の誕生に米国内だけでなく、世界中が沸いたのは記憶に新しい。批評家や歴史家はこぞって、かつての英雄的な大統領にオバマをなぞらえようとした。奴隷解放宣言を行ったリンカーンや、ニューディールを指揮したフランクリン・D・ローズベルトとならんで頻繁にそのアナロジーに登場したのが、ジョン・F・ケネディだった。ドイツ人ジャーナリスト、フォン・クリストフ・マーシャルは、オバマを「ブラック・ケネディ」と呼んで、理想にあふれた若い大統領の「再来」を称える。[*1]「ニューフロンティア」をキャッチフレーズに経済活性化と人類を月に送ることを約束して国民を鼓舞したケネディであったが、「ニューフロンティア」には外交的側面も含まれていた。それはケネディの理想主義と平和主義がより強く投影された国際開発援助のための平和部隊（Peace Corps《ピース・コー》）に顕著である。一九六一年の大統領命令による平和部隊創設には、若々しい大統領の理想に満ちたリーダーシップがあり、利他主義的な政策立案者の活躍があり、貧困の撲滅と平和の創造を願う若者の献身的なコミットメントがあった。戦後世界におけるアメリカを語る上でのいわば「英雄物語」的エピソードである。

本稿は、この平和部隊の初期の構想と、アジアでの展開を概観し、そこに文化外交的諸側面を見いだすものである。平和部隊は、途上国の開発援助を行うことで貧困を撲滅し、より平和な社会を想像しようとする試みであり、文化を用いて外交を円滑に進めようという意図は、あまり前面には表れない。しかし、一九五〇年代から六〇年代初頭において、平和部隊を創設するに至る文化的コンセンサスがアメリカには存在し、それが第三世界へと「輸出」されることになった。平和部隊は、平和への理想主義と、冷戦の外交戦略的側面を併せ持って創設されたのだ。特に、ボランティアにとっては、「利他主義」にもとづく宣教師的使命感が、人的な対外開発援助として具現したものであったといえる。しかし、六〇年代を通じて、平和部隊の文化的、外交的意義をめぐっては、当事者による評価も揺れ動いた。ベトナム戦争をきっかけとして、アメリカの使命感と帝国主義的拡張とが表裏一体であることが認識されるようになったのだ。一九六〇年代の米国は、外交における理想主義的使命と文明的拡張の相補関係を浮き彫りにした時代であったといえる。

以下、第一節では平和部隊構想の政治文化的レトリックを検証し、その理想主義的側面と、対第三世界の外交戦略的側面を明らかにする。第二節では、東アジアでの平和部隊活動の実態を考察し、とくにフィリピンでの平和部隊活動に注目して、アメリカと平和部隊受け入れ国の歴史的な関係から六〇年代の援助活動を見る。第三節では、ボランティア活動に携わった人びとをとおして、ベトナム戦争の激化が平和部隊に与えた影響を考察する。そして最後に第四節で、文化的イデオロギーとしてのアメリカ近代化論と平和部隊との関係を検証し、なぜベトナム戦争と平和部隊がアメリカの外交政策として同時に成り立ち得たのか考える。

## 1　平和部隊構想の二つの側面

平和部隊の構想には、大きく二つの側面があった。一つは、アメリカの政治的伝統に根ざした理想主義であり、もう一つは、冷戦の文脈における共産主義勢力との覇権争いであった。一九六〇年を通じて、この二つの側面はいずれもアメリカの若者を強く刺激し、相互補完的に平和部隊の性質を決定づけることになった。

### 1　「理想主義」的側面

ケネディの平和部隊構想に共感したロイ・フープスは、第一期平和部隊が派遣される直前の一九六一年に、*The Complete Peace Corps Guide*（邦訳『平和部隊読本』）を著し、平和部隊の理想主義に二つの起源があると論じた。その一つは、キリスト教宣教師の海外活動にみられる「利他主義」であり、もう一つは、革新主義期のアメリカを代表する哲学者ウィリアム・ジェームズの平和論であったと言う。[*2]

①宣教師による布教活動と対外援助

合衆国のキリスト教団体による宣教師の海外派遣は一八〇九年にさかのぼり、一九六一年当時には三万三千人が海外布教を行っていた。フープスは、キリスト教宣教師の、「恵まれない人たちを助けるために私心のない犠牲を強調し、改宗者を獲得する」アメリカの伝統的活動が平和部隊の理念につながっていると論じる。特に、一九五三年に結成された国際奉仕団（International Voluntary Service）の活動は、平和部隊の「手本」になった。それは、米国の各宗教団体の海外援助事業計画をとりまとめて方針を与える活動を行うもので、「政府間協力でなく、草の根をなんとかする」という側面を持っていた。

②ジェームズの平和軍構想

もう一つの起源であるジェームズの平和論は、一九〇四年のボストンでの平和会議の場で表明されたもので、青年からなる「平和軍」を徴集し、「自然に対して戦いを挑む」という構想であった。ジェームズは、人間は本来好戦的であると考え、そうした青年の「好戦本能を方向転換させる実用的な機構」として「平和軍」を位置づけた。[*3] ジェームズはその構想において非常に興味深いいくつかの論点を提供しているが、平和部隊構想との関連でとくに重要なのは、第一にその人間観であり、第二にその自然観である。ジェームズは言う、

そうすれば、社会の不義は徐々に解消されるであろうし、また、国家にとっていろいろの利益がもたらされるであろう。軍の理想とする雄々しさと訓練は、成長する世代の中に植え付けられるであろう。現在の上流階級が、自分の住んでいる世界と人間の関係と、自分たちの豊かな生活に対していつも厳しい批判の目が向けられているのに目をつぶっているというような、おかしなことはなくなるであろう。[*4]

ここでいう「社会の不義」とは「労苦、貧困、社会的差別」を指す。ジェームズはこうした不義をもたらす、「出生や機会など、単なる偶然の出来事」を「宇宙の法則」と呼び、人間が戦いを挑むべき「自然」と表現したのだった。こうしたジェームズの哲学は、その背景にある革新主義の時代的性格にてらして詳細に検証される必要があろう。しかし、一九六〇年代の平和部隊の構想との関係において重要なのは、ジェームズが青年を律する集団的な利他活動を、宗教ではなく、国家の利益と結びつけて論じた点にあった。

③「トーマス計画」

ジェームズの理念は、兵役以外の目的で徴募するという考えが社会に浸透するにはいたらず、

実行に移されることはなかった。しかし、宣教師による海外布教活動以外にも、平和部隊のモデルとなる歴史的先例はあった。その一つが、一九〇一年から一九三三年まで、フィリピンで行われた教育活動であった。

米西戦争後、アメリカの兵士たちは、フィリピンで英語を教えるよう要請され、実際に多くが現地に残った。その後、兵士に代わり、奉仕者が募集され派遣されることになり、このプロジェクトは、彼らがアメリカからフィリピンに向かう際に乗船した輸送船の名にちなんで、「トーマス計画」と呼ばれた。この事例について、フープスは、「彼らはスペインの植民地支配下にあった住民を彼らの意に反してアメリカの植民地化するために送られたのであったけれども、今日では非常に感謝されている。今日指導的立場にある人たちは、若いアメリカ人によって初めて知的の《ママ》刺激を受け激励されたのであった」（傍点筆者）と説明する。[*6] フープスは一九六一年の時点において、住民の「意に反した」活動でありながらも、フィリピン人にアメリカの「知」を与える活動は、現在「非常に感謝されている」と自信を込めて断定するのだ。脱植民地化の時代にあって、このような無垢なアメリカの文明的自信をはらんだ、いわゆる「白人の責務」としての開発援助という説明がさりげなく用いられるのである。

## 2　冷戦期の対第三世界戦略としての平和部隊

もっとも、後発国に対する人的な対外援助を正当化する理由として、米西戦争時代の「白人の責務」という言説が平和部隊の構想において第一義であったわけではない。なによりもボランティアの純粋な利他主義がその基礎にあった。しかし、それに加えて、第二次大戦後の米ソ冷戦における国際関係の二極化の時代に、どちらの陣営にも属さない第三の国々としての「第三世界」に対する戦略的な意図が、当初から明確に述べられてもいた。

①対共産圏外交としての平和部隊構想

ジョン・F・ケネディが平和部隊の構想を初めて公に訴えたのは、大統領選中の一九六〇年一〇月一四日、遊説先のミシガン大学アナーバー校でのことだった。深夜二時に大学の構内で学生に向けて行ったスピーチで、国家的使命を持った海外奉仕活動の重要さを説いた。

これから医師になろうとする諸君のうち何人がしばらくの月日をガーナで過ごすことを選ぶだろうか。技術者やエンジニアになる諸君のうち何人が、海外奉仕活動に携わり、世界を股にかけた人生を送るだろうか。単に一年か二年を奉仕活動にあてるだけではなく、人生の一部をこの国に捧げよう願う君たちの熱意によって、自由主義社会は勝利することが、必ずできるのです。アメリカ人は喜んでこの勝利に貢献するでしょう。それはこれまでアメリカが行ってきたもののいかなるものより遙かに偉大な事業なのです。[*6]

さらに翌月の二日にはサンフランシスコにおいて、平和部隊の目的を「世界を共産化しようとする」ソ連や東欧、中国から送り出された若者の「宣教」に対抗するため、と明確に表現した。また別の機会には、「自由（freedom）のために尽くすわが国の若い男女は、この自由を損なおうとするフルシチョフの伝道師たちに勝利することができる」と宣言した。このように、平和部隊が、冷戦における第三世界の国々での米ソの覇権争いの重要な部分を意図して構想されたことは、当初から公的に認められていた。特にラテンアメリカ地域に対しては、一九六一年に「進歩のための同盟(The Alliance for Progress)」を組織し、南北アメリカの国々の結束によって、革命勢力、とりわけキューバに対抗した。このプログラムは経済発展による貧困の撲滅や識字率の向上を掲げながらも、共産主義の広まりを軍事的に取り締まることを目的とし、平和部隊はこれと並行して活動を行われることになったのである。[*7]

一九六一年に平和部隊ボランティアの募集が始まると、その選抜基準にも反共産主義が影響した。九月には、ある応募者の「資格」をめぐって、この点が浮き彫りになった。前年の十二月二九日、フロリダ州マイアミのチャールズ・ケイメンは、地元のロータリークラブで開催された下院非米活動委員会制作の反共産主義活動宣伝映画『オペレーション・アボリション（Operation Abolition）』の上映会に乗り込んで、抗議の演説を行おうとした。『オペレーション・アボリション』は、言論の自由や偏狭な反共主義をめぐって、当時アメリカで論争を生んでいたが、上映会を妨害されたロータリークラブが、後にケイメンが平和部隊に志願したことを知り、異議を唱えたために、この問題がメディアの注目を集めることになった。そして平和部隊計画の長官だった

R・サージェント・シュライバーは、連邦議員からこの青年の採否をめぐって厳しく問いただされたのである。結局、ケイメンは「情緒の安定、成熟した判断能力、そして個人としての責任感」が欠けるとの曖昧な理由で、採用されなかった。[*8]

②「醜いアメリカ人」と第三世界

ケネディはスピーチの中で、しばしば「醜いアメリカ人（ugly American）」という言葉を使って、対第三世界援助の進め方に慎重を期すことを強調した。「醜いアメリカ人」とは、一九五八年にウィリアム・レデラーとユージーン・バーディックが書いた小説のタイトルで、東南アジアの架空の開発国での横柄なアメリカ人外交官と、共産化する現地の人々に翻弄されるまじめなエンジニアを描き、ベストセラーとなった。[*9]これを受けて、当時のアイゼンハワー大統領は、米国の援助計画の実態調査に見直しを命じたほどである。

第二次世界大戦後、平和部隊創設以前の米国の対開発国援助は、トルーマン大統領が一九四九年に発表したポイント・フォー計画に基づいていた。これは戦後米国が行ったもっとも重要な対外援助計画のひとつで、四七年に発表されていたヨーロッパ復興計画（マーシャル・プラン）のように地域を限定することなく、イスラエルやイランといった後発国の戦後の開発援助を行うことを目的とした。

しかし、ヨーロッパ復興計画がおおむね「大成功」だったと言われる一方で、開発と貧困の削減を掲げたポイント・フォー計画は「失敗」であった。その理由は、計画そのものの構造の問題、国際的連携の不備など様々であるが、なによりも重要な原因として指摘されるのは、この計画には援助する側の「植民地主義がつきまとっていた」という点である。[*10] 米国資本が開発国へ進出するための援助計画という側面が強く、さらにポイント・フォア計画によって、開発こそが途上国の貧困解消につながるという第二次大戦後の開発理念を生むことにもなった。アイゼンハワー期には、合衆国政府の援助熱意も失われ、一九五三年五月に、計画は公式に廃止されたが、その後もこの計画と同様の方法で開発援助は行われた。「醜いアメリカ人」は、こうした一九五〇年代のアメリカの開発援助が、現地でいかなる実態を生んでいるのかをフィクションとして表現したのだ。

一九六一年に創設された平和部隊は、「われわれは外国の政府からはほめられているが、国民からは見はなされている」というそれまでの米国開発援助の反省のもと、より草の根に届くことを目指した。そして、基本目標として次の三点を掲げた。

・援助を望む国や地域に、それらが必要とする熟練した技術者を送り、助けること。
・派遣先の人びとのアメリカ人についての理解を向上させること。
・アメリカ人の派遣先への理解を向上させること。

さらに平和部隊に参加する者は、派遣先の国や地域の住民水準で暮らすことが条件とされた。[*11] このように、一方的なアメリカ理解を押しつけるだけでなく、派遣先の文化や生活を理解するという点が、当時は非常に画期的であるとみなされた。日本の青年海外協力隊の発足にあたり、末次一郎は『未開と貧困への挑戦』と題した著書の中で、米国の平和部隊に触れ、それが「当時のアメリカ人の技術指導者たちの多くが、現地の風俗や習慣をまったく理解しようとせず、どんなところでもアメリカ式生活に固執し、それだけに、けっして現地住民の中にとけこむことができなかったことへの反省から生まれたものであった」と断定する。*12 しかし、ここでも援助対象国を「未開」と表現するあたりに、当時は当たり前とされた開発と文明をめぐる観念の密接な関係がうかがえる。

## 2　一九六〇年代の東アジアにおける平和部隊の活動

平和部隊は一九六一年に開始されて以来、現在も引き続き行われている。その間、二〇万人近くの若者がボランティアとしてアフリカ、ラテンアメリカ、アジアの一三九カ国に派遣された。一九六〇年代は、平和部隊の黎明期であり、当初の理想主義的な信念が広く共有されていた時代だと言える。七〇年代には、援助予算が縮小されつつもボランティアの専門性が高まるなど、徐々に変化することになる。また、制度的にも、七一年には、ニクソン大統領が平和部隊とその他の連邦による奉仕活動を「アクション・プログラム」として統合するなどその位置づけが変わった。[13] 本節では、こうした変化を経験する以前の六〇年代の平和部隊活動の実態を、量と質の両面から、特にアジア地域に注目して考察する。

## 1　東アジアにおける平和部隊―派遣ボランティア数と職種にみる変遷

一九六〇年代の米国の平和部隊の派遣先区分は、ラテンアメリカ地域、アフリカ地域（サハラ砂漠以南）、北アフリカ・中近東・南アジア（NANESA: North Africa, Near East, and South Asia）地域と、東アジア・太平洋地域（EAP: East Asia and Pacific）地域の四つであった。[14] 現在一般にアジアと呼ばれる地域は、このうちのNANESA地域とEAP地域にまたがる。

東アジア地域における平和部隊の活動は一九六一年の第一隊から始まるが、他地域に比べてゆっくりと拡大した。初年度から派遣を要請した東アジアの国々は、タイ、マレーシア、フィリピンで、教師、看護師、医療助手などを希望した。特にフィリピンには教師を中心に二七二名が派遣されたが、これは初期の平和部隊において最大規模の派遣団だった。六〇年代の東アジアにおける平和部隊ボランティア派遣数は〔表1〕のとおりである。一九六五年までの派遣数では、東アジア・太平洋地域は八七四名と、ラテンアメリカの三二一四名、アフリカの三〇一〇名、北アフリカ・中東の一五二二名に比べると割合が小さい。しかしその後二年間のうちに、韓国とミクロネシアがこの地域内の派遣先に加えられ二〇四五名と急増することになった。一九六九年五月の時点での東アジア・太平洋地域への派遣数二五五三名のうち七六パーセントにあたる一九三八

〔表1〕 東アジアにおける平和部隊ボランティア派遣数1962－1969

| | 1962 | 1963 | 1964 | 1965 | 1966 | 1967 | 1968 | 1969 |
|---|---|---|---|---|---|---|---|---|
| Malaysia | | | | 378 | 561 | 583 | 495 | 495 |
| Malaya | 67 | 169 | 206 | | | | | |
| Sabah/Sarawak | | 91 | 124 | | | | | |
| Philippines | 272 | 472 | 286 | 227 | 571 | 601 | 720 | 662 |
| Thailand | 45 | 227 | 245 | 242 | 356 | 321 | 228 | 283 |
| Indonesia | | 17 | 31 | | | | | |
| Korea | | | | | | 92 | 310 | 265 |

Source: Robert G. Carey, *The Peace Corps*, Praeger Library of U.S. Government Departments and Agencies 22 (New York: Prager, 1970), 162.

名は教師で、小学校から大学までの教育機関に送られた。その他は、結核予防計画やマラリア撲滅計画などの医療業務に携わったが、援助の重点は教育・医療から、徐々に教育・開発に移っていった。*15

## 2 英語教育と「進歩」――フィリピンの事例

一九六一年五月、フィリピンに対する平和部隊派遣が、アフリカ地域のタンザニア、ラテンアメリカ地域のコロンビアに続いて、三番目という早い段階で決定された。この早期におけるフィリピンからの派遣要請と合衆国の派遣決定には、米西戦争以来の両国の密接な関係があったと考えられる。フィリピンは、平和部隊派遣先としては、唯一米国植民地という過去を持っていた。世紀転換期には「白人の責務」の対象であったフィリピンは、平和部隊においてはいかなる対象だったのだろうか。

米西戦争後、フィリピンは米国の支配下に置かれ、第二次大戦中には一時日本の占領にされるものの、一九四四年一〇月にはマッカーサーがレイテ島に再上陸し解放された。復活したコモンウェルス政権のもと、一九四六年に米国議会でフィリピン復興法・通商法が承認され、七月一日をもって独立した。しかし独立後も米軍基地が置かれるなど、フィリピンの独立は米国に与えられたという側面が強かった。国内でも親米エリートによる寡頭支配が続き、反共政策などに親米的態度があらわれていた。こうして平和部隊派遣の決定も政府間の政治決定としてきわめて迅速に行われた。フィリピンの植民地的社会構造は、ボランティアの安全を確保しつつ、平和部隊の効果を高らかに宣伝する格好の派遣先であったといえよう。

フィリピンからの派遣要請を受け、その一年後には二七二名の平和部隊ボランティアがフィリピン各地に送られた。一九六一年の開始から一九六九年までに、二千人以上がボランティアとして従事し、一時滞在者は八〇〇人を越えた。一九六九年五月の時点では、六七六名が教育に、一七名がマラリア撲滅事業に、そして一九名が開発プロジェクトに携わっていた。数字からも明らかなように、フィリピンでの平和部隊事業はとくに教育に重点を置くものであった。六〇年代の終わりになってようやく、開発プロジェクトが始まったのである。[*16]

このような極端に教育を重視したプロジェクトの背景には、いかなる信念があったのだろうか。一九六一年五月二二日、ケネディ大統領は平和部隊ボランティア三〇〇名をフィリピンに派遣する計画を発表したが、そのすべてが英語教師であった点が注目される。ホワイトハウスは、次のように説明した。

フィリピンでの英語の重要性が過小評価されてはなりません。フィリピンで使用されている言語には、科学や技術の教育に適したものがないのです。ゆえに、英語についての広範な深い理解が、フィリピンの経済的、社会的発展に不可欠なのです。[*17]

これらの英語教員ボランティアは、米国内の大学で訓練された後、フィリピン各地の小学校で教師の補佐をしたり、英語で理科を教えたりすることになっていた。そして同年一〇日に、一二五名の平和部隊第一陣がフィリピンに到着した。[*18]

平和部隊の創設は非常に急ピッチで行われたため、英語教師の派遣は、募集や訓練の手続きを短縮させるためにも妥当な判断だったと考えられる。しかし、むしろここで重要なのは、英語を「進歩のための言語的基盤」として位置づける信念であろう。英語を使ってはじめて、フィリピンは経済的、社会的な開発計画を立て、近代的発展をすることができるというのである。フィリピンのような多言語社会において、一見政治的には「中立」あるいは「外のもの」である英語が、共通言語となり近代的な国民国家の発展を担うことが期待されたのであった。

英語による近代化の利点に対する信念は、政策決定者だけではなく、広くアメリカ市民に共有されていたようである。一九六二年七月には、ニューヨーク市ブルックリンの第一六一小学校で、教育委員会と学童が一万冊の教科書を集めてフィリピンの学校に贈るという支援活動を行った。これには、アメリカ繊維卸売業者協会（Textile Dealers Association of America）と繊維くず卸売業者協会（Textile Remnant Dealers Association）が協力し、贈られた教科書は平和部隊の教師がフィリピンで配る計画であった。教科書は、アメリカの小学校で使われたもので、読解（リーダー）、算数、そして歴史の三教科の、二年生から六年生までのものが集められた。協会会長のマレー・ワイナーは、一万冊の教科書を集めるのに二ヶ月半を費やし、この事業が毎年恒例のものになるだろうとコメントを寄せた。[*19]

このように、フィリピンに対する初期平和部隊事業は、アメリカが持つ開発をめぐる知のかたちをほぼそのまま輸出する点に特色があったと言える。それは、英語を基礎に、アメリカの小学校のテキストを用い、アメリカの若者から「進歩」の方法を学ばせるものだったのだ。当時はそれが、植民地化行為としてすぐさま批判されないところに、平和部隊のもつ理想主義的信念とアメリカの自国文明に対する絶対的信頼がうかがえた。

### 3　ベトナム戦争の影

このように無垢なアメリカの文明的自画像に、米国内外で大きな疑問を抱かせるきっかけとなったのが、ベトナム戦争の泥沼化であった。ベトナム戦争は、東南アジアでの平和部隊活動に、避けがたく暗い影を落とすことになった。

東南アジアの国々では、アメリカ人の存在そのものが疎ましく思われるようになり、ベトナム反戦と反米の主張が、平和部隊への批判とこだましして展開されるようになった。一九六五年二月一六日には、インドネシアの首都ジャカルタで、北ベトナムに対するアメリカ軍の空爆攻撃に抗議する五千人規模の学生デモが起こった。米国メディアは、「共産主義者に先導された」学生たちが、反米ソングを歌い、「ヤンキーは帰れ "Yankee Go Home!"」と書いたプラカードを掲げて町を練り歩き、平和部隊を非難するプラカードも持っていたことを伝えた。ジャカルタの学生が掲げた「転覆活動の道具、平和部隊は出て行け "Expel American Peace Corps - tool of subversion"」という文句にみられるように、ベトナム戦争の激化により、当地の東南アジアの市民にとって、平和部隊がアメリカの一連の「破壊活動」の重要な部分を占めるものとして強く認識されるようになっていたことがわかる。[*20]

実際、ワシントンでの運営業務においては、対外政策としてのベトナム戦争と平和部隊には、人的なつながりもみられた。一九六六年初めには、それまで国防省の財政部に一〇年つとめ、ベトナム戦争での予算配分を担当していたモリス・W・ケンデールが平和部隊の予算担当者として就任した。[*21]

平和部隊事業のスタッフは、もし南ベトナムから派遣要請が来た場合に、ボランティアを派遣すべきかどうか激しく議論した。その際、次の三点が決定にかかわる重要な要素だった。第一に、ボランティアを危険な地域に派遣できるか、第二に、軍やCIAの活動に関わらせないことができるか、第三に、ベトコンや国民解放戦線（National Liberation Front）との接触からボランティアが情報提供者とならないか。しかし、外交解決策として戦争を行いながら、同時に、人道的開発援助を行うことは、誰の目にも明らかな矛盾がある。ある職員は、「ベトナム問題について、国が軍事的解決を求めているときに、なぜ平和部隊がそこへいく必要があろうか。戦闘が終わらないうちにベトナムに行くことは、偽善の極みだ」と語った。[*22]

戦争が激化するにつれ、ワシントンへの不信感は、アメリカ市民、とくに学生の間に高まりをみせた。そして、北爆の開始以降、米国内でも、おなじ抗議行動の場でベトナム反戦と平和部隊への非難が同時に行われるようになった。国内での反戦運動の高まりと、これに対する平和部隊ボランティアの反応は次節でみるが、一九六八年までには、平和部隊事業の理想主義的側面はベトナムに対する不正義の陰に隠れてしまったかに見えた。J・W・フルブライト上院議員のように、ベトナム戦争には反対しつつも平和部隊を擁護する議員もいたが、ボランティア志願者の激減を受けて、議会もいったんは承認した一億一二八〇万ドルの一九六九年活動予算の執行を躊躇するようになったのである。[*23]

## 3　ボランティアの実存的関わりと「進歩」への信念

### 1　実存的コミットメント

外交史としての平和部隊は、ケネディや立案にあたった政策決定者の観点から考察されることが多いが、平和部隊のように一般の市民ボランティアが深く携わる事業では、彼らの積極的関わりと世界観を抜きに文化外交を語ることはできない。ワシントンでの政治とは異なった文脈で、ボランティアは献身的に使命を果たした。その自負は強く、数多くの体験談やオーラルヒストリーが編纂されている。[*24] アメリカの「良心」を体現するこの事業を歴史的に評価することが難しい理由もこの点に由来するが、六〇年代の平和部隊ボランティアは、ケネディが掲げた理想主義に純粋に反応し、その後のベトナム戦争の激化に直面してアメリカ外交が持つ様々な問題に悩まされた世代であった。

この平和部隊の第一世代を研究したエリザベス・コッブス・ホフマンは、ボランティアの献身的な関わりに実存主義をみる。[*25] 実存主義（existentialism）という言葉そのものが六〇年代の時代精神（zeitgeist）を表現するものとしてよく使われるが、そこには世界への積極的な関わりを通じて自らを発見するという過程があったことが示唆される。これは、公民権運動や初期のニューレフト運動を説明する際にも使われるレトリックで、運動やコミュニティのなかでの「自己発見という人道的エトス」から平和部隊を説明するものである。[*26]

たしかに、そうした利他主義に根ざしつつも、自己のアイデンティティの確立へとつながる活動としての平和部隊という側面は、とくに自己を世界とつなげて理解しようとする点において、多くの参加者の体験談にも語られるところである。たとえばフィリピンの第一期派遣隊（一九六一年）の一員であった、マージョリー・バーケンは、後にインタビューに答えて、次のように語った。

わたしは、たまたま「赤狩り」で有名な反共産主義者マッカーシー上院議員と同じ町の出身です。彼の偏狭な考えには同調できませんでした。アメリカ人は世界市民になるべきだと私は信じていました。そして平和部隊は私が世界市民になれる理想的な機会だと思ったのです。[*27]

フィリピンでは、このような自己実現と自己発見の過程で、平和部隊に同じ理想を持つ仲間を見いだし、人生のパートナーを獲得した者もあった。あるボランティアがマニラで語ったように、平和部隊活動に携わることで「ずっと自由になり、重荷から解放されたよう」に感じたのだった。[*28]さらに現地での生活を通じて、一般の米国市民とは異なった世界観や他者理解をもつようになったのも事実である。バーケンは言う。

アメリカ人の支配を受けたのに、フィリピンの人々はとても友好的で、私を同じ人間として受け入れてくれました。外国の搾取に長年耐えた国が、未だに貧しいのは当然と思います。数年前ある大手の雑誌にフィリピンの貧しさは彼らに責任があるという記事が掲載され、私たちは直ちに反対意見を編集長宛に送ったものでしたが、遂に掲載されませんでした。[*29]

ボランティアは、様々な困難に直面しながらも、主体的に計画を立て、現地の社会に溶け込もうとした。こうしたボランティアは、平和部隊の理想主義的側面に、真正面から応えるものであった。しかし、より重要な問題は、平和部隊のもうひとつの側面である、冷戦下の国家的外交戦略という点と、純粋なはずの利他主義との折り合いをいかにつけるかという点であった。

## 2　平和部隊ボランティアとベトナム反戦

多くのアメリカ市民が米国の外交政策に帝国主義的側面を見いだすようになるきっかけは、やはりベトナム戦争だった。もちろんボランティアにはアメリカの対共産主義戦略を平和部隊の使命に含めて考える者もいたが、平和主義的な理想を掲げる者が比較的多く、戦争による国際問題の解決には否定的だった。

そのため、東南アジアではアメリカ兵の存在を疎ましく考えるボランティアもいた。タイに派遣されていたあるボランティアは、困惑して言った。

私たちはかならずしもGI嫌いではありません。（中略）私が会ったアメリカ兵は、私がどのようにしてタイ人と暮らしているか、なぜ私が彼らといっしょに働きたいのか理解できませんでした。GIは私たちを変わり者で、共産主義者好きと考えている一方で、タイ人の中には私たちがスパイかもしれないと考えて疑いの目を向ける人もいます。おかしな話です。[*30]

米国内のキャンパスで反戦運動が広がり始めた一九六五年当時、平和部隊ボランティア経験者らは、平和部隊事業とベトナム戦争の目的を区別するよう、批判者に理解を求めていた。カリフォルニア大学バークレー校では、学生反戦団体であるベトナム・デー委員会が、キャンパスでの平和部隊募集活動に反発し、学生たちに志願をしないように呼びかけた。しかし、ドミニカで開発援助活動に携わったボブ・サティンらの熱心な呼びかけで、七〇〇名以上が募集に加わったという。[*31]

他方で、米国政府の外交政策を批判し、平和部隊への協力を絶つ者もあった。同じくバークレーで、それまでボランティアの訓練に携わっていた人類学教授ジェラルド・バレマンは、「一方で米国空軍がベトナムの田畑を爆撃しながら、他方でインドの農民を助けようとする平和部隊活動はまちがっている」と指摘し、ベトナム戦争をおこなう米国外交そのものに距離を置くことを選んだ。[*32] 一定期間の海外活動に従事し帰国したボランティアは、一九六七年春までには一万人を越え、彼らもまた、公然とベトナム政策を批判し始めた。彼らは、米国外交への「幻滅が加速すると、平和部隊そのもののバイタリティとその成果に不可欠な情熱が失われてしまう」ことをおそれたのだった。[*33]

こうした動きを受け、一九六八年には、平和部隊事業の長官ジャック・ヴォーンが、平和部隊ボランティアは、海外で活動に従事する際に必ずしも米国の外交政策を支持する必要はないとコメントし、同席した民主党下院議員から厳しい批判を受けている。[*34] そして、先にみたように六〇年代の終わりには、志願者の激減に直面するのだった。

## 4 開発と近代化のイデオロギー

前節まで、平和部隊を特徴づける二側面——利他主義に根ざした理想主義と冷戦下の対共産圏外交戦略——に即して一九六〇年代の事例を考察してきた。しかし平和部隊を「文化外交」として考察するには、さらにこれをアメリカの知の歴史に位置づけなくてはならない。

### 1 ニューフロンティアと近代化論

「ニューフロンティア」は、一九六一年一月にケネディが大統領指名受諾演説で用いた自らの政治姿勢を示すキャッチフレーズであった。

今日われわれは、ニューフロンティアに直面している。一九六〇年代のニューフロンティア、いまだ知られぬ機会と道、いまだ満たされる希望と脅威をはらんだフロンティア……私はあなたがたの一人ひとりにこの新しいフロンティアの新しい開拓者となるよう要請したい。[*35]

この歴史的レトリックとしての「新しいフロンティア」は、アメリカの建国において、勇敢なパイオニアが西進を続けることで「未開」のフロンティアを文明化された国土へと変えたという単純化された合衆国の歴史イメージを、一九六〇年代の世界に重ねるものだった。ケネディが目指したもっとも象徴的な新しいフロンティアは宇宙であり月であったが、国際政治におけるフロンティアは第三世界であった。ケネディは、アイゼンハワー政権が核開発競争においてソ連の後手に回っただけでなく、第三世界での地域紛争への対応能力を低下させたという認識から、途上国での米国の支配力の回復をはかったのだ。

平和部隊は、一切の布教活動を行わず、受け入れ国の社会や文化を理解することを特色として掲げていたが、このもう一つのニューフロンティアである第三世界に輸出したものは、アメリカの発展過程に根ざした近代化論（Modernization Theory）にほかならない。フリッツ・フィッシャーは、アメリカは、未開のフロンティアにおいて、自主独立、イノベーション、不屈の精神といった開拓時代の価値観を復活させようとしたのだと論じる。そして、少なくとも政策決定者は、途上国がアメリカがたどった発展をなぞることで「われわれと同じようになる」という「単線的発展」に根ざした近代化論を開発モデルとしたのである。[*36]

戦後アメリカの近代化論が輸出された先は、第三世界だけではなかった。たとえば一九六〇年の日米箱根会議は、ライシャワーを頂点とした近代化論者が日本の今後の発展形態について議論した場となった。日本の進歩派は、その目的論を伴った歴史的発展過程が一九五〇年代のアメリカの「豊かさ」を到達点に想定していることを見抜き拒絶したが、実際の政策としては高度成長に重要な影響を与えることになった。[*37] 途上国にあっては、たとえばフィリピンのように、排他的な言語政策と結びついて実行された。アメリカのメディア報道では、現地の人びとが平和部隊の英語教育活動にいかに感謝しているかが盛んに取り上げられたが、特に初期においてはフィリピンの教育現場になかなか受け入れられなかったという記述も散見される。

## 2 イデオロギーとしての近代化論

エリザベス・コッブス・ホフマンは、平和部隊ボランティアは、「決してCIAの手先でも、世間知らずでだまされやすい若者でもなかった」と主張する。[*38] たしかに、理想に燃え、途上国の人びとが平和や豊かさを手に入れる手助けをしようとした一般のボランティアが、政策立案者ほど明確に第三世界の「アメリカ化」という意図を持っていた、あるいは政策者の言いなりだったと論じることは難しく、意義があるとも考えられない。むしろ、平和部隊が構想されるにあたって、政策立案者やボランティアのみでなく、アメリカ社会全体、さらには受け入れ国側に一定の文化的コンセンサスが存在したと考えるのが適切であろう。

平和部隊の政策立案過程と公的な表象のされ方を考察した、マイケル・E・レイサムは、文化的イデオロギーとしての近代化論が平和部隊の背景にあったと論じる。それは一九五〇年代のアメリカの知における社会学的手法への信頼と、アメリカが「特別な国」で、後発世界がアメリカと同じように発展する手助けができるという国家の歴史的成り立ちに根ざした道徳的信念からなっていた。こうして平和部隊は、脱植民地化が進む世界にアメリカの力を再投影したのだった。[*39]

しかし、五〇年代の「イデオロギーの終焉」や「豊かな社会」といった社会批評が、自己満足的思考において理解され、米国の国民としての「優性さ」を他にも分け与えるべく平和部隊が創設されたと言ってしまうと、それは極論になる。むしろ、「イデオロギーの終焉」論がそうだったように、冷戦の米ソ敵対関係によって、共産世界化か自由世界化かという二元論が、歴史を参照しつつ形成された米国の自己理解を過剰に強化したのだと考えられる。受け入れ側にとっても、貧困と戦うために執るべき政治的に有効な手段には、アメリカ型の近代化か、ソ連型の近代化かしかなかったのもまた事実だったのだ。

## おわりに――平和部隊と救世主的帝国主義

平和部隊は、理想主義的側面と、冷戦の戦略的側面を併せ持つものとして創設された。当初は、新しいフロンティアに向かう利他主義という若者の理想が、非常に好意的に表象されていた。しかし、より直接的に冷戦下の覇権争いに勝利することをめざしたベトナム戦争が激化するにつれ、その論理矛盾が指摘されるようになった。このように六〇年代は、平和部隊の特質をめぐる評価が、それが内包する二つの側面によって、揺れ動いた時代であったといえる。

しかし、より大きな視点から眺めると、平和部隊もまた、歴史的に構想され、制約をうけていた。その背景にあったのが、イデオロギーとしての近代化論であった。近代化論は、「今日のアメリカは、世界の明日だ」という目的論を持って、使徒たる若者によって途上国へ輸出されることになった。もちろん、多くのボランティアは、それほど意図的にアメリカ文明の伝道師として振る舞ったわけではなく、彼らの真摯な活動によって他文化理解が促進された面も見逃してはならない。だが、六〇年代アメリカの「利他主義」も、歴史的な知の文脈に制約を受けていたのである。

平和部隊の構想が、宣教師活動の伝統に根ざし、感謝されるべき活動としてのアメリカ的近代化を促進するものとして表現されたところに、一九六〇年代における米国の救世主的帝国主義（messianic imperialism）を見いだすことができる。それは、二〇世紀への世紀転換期の「白人の責務」に比べると、はるかに自省的に構想された。それでも、今日的視点から眺めると、異なった像が現れる。自由陣営の盟主としてのアメリカの自負は、ベトナム戦争と平和部隊を同時に行うという、論理矛盾を露呈することになったが、実はそれは矛盾などではなく、米国の帝国的エトスにおいては実に一貫したものであったのだ。

一九七〇年代以降、平和部隊はその制度、内容において再検証を重ね、海外援助活動は現在も続けられている。その効果については、また別の文脈での評価が必要であろう。二一世紀の国際社会において、他文化理解に基づいた国際平和援助活動を紛争解決手段としての戦争を凌駕するものとして構想するためにも、平和部隊の歴史は多くの歴史的教訓を提供するのである。

注

*1 フォン・クリストフ・マーシャル著、大石りら訳『ブラック・ケネディ―オバマの挑戦』講談社、二〇〇八年。

*2 Roy Hoops, *The Complete Peace Corps Guide* (New York: Dial Press, 1961), ロイ・フープス、坂西志保訳『平和部隊読本』時事通信社出版局、一九六三年、二一—二二頁。

*3 同上書、一七頁。

*4 国際調停協会によるパンフレット「戦争に代わる道徳的なもの」（一九一〇年）、同上書、一八頁より引用。

*5 同上書、一九頁。

*6 John F. Kennedy, "Remarks of Senator John F. Kennedy at the University of Michigan on 14 October 1960," John F. Kennedy Presidential Library and Museum, http://www.jfklibrary.org/Historical+Resources/Archives/Reference+Desk/Speeches/JFK/JFK+Pre-Pres/1960/002PREPRES12SPEECHES_60OCT14a.htm [accessed August 21, 2009].

*7 Odd Arne Westad, *The Global Cold War: Third World Interventions and the Making of Our Times* (New York: Cambridge University Press, 2005), 35.

*8 *Chicago Tribune*, "Peace Corps Bars Critic of Anti-Red Film, 26 September 1961.

*9 William Lederer and Eugene Burdick, *The Ugly American* (1958). 同書は六三年に映画化された。また、現在でも「醜いアメリカ人」という言葉はアメリカの傲慢で無力な対外政策を揶揄する言葉として流通する。

*10 この点は、一九五六年、東南アジア援助について議論していた日本の参議院予算委員会でも取り

上げられた。第二四回国会　予算委員会　第一七号、昭和三一年三月一六日。http://kokkai.ndl.go.jp/SENTAKU/sangiin/024/0514/02403160514017c.html（二〇〇九年八月二一日接続）。

＊11　John F. Kennedy Presidential Library and Museum, “Peace Corps,” http://www.jfklibrary.org/Historical+Resources/JFK+in+History/Peace+Corps.htm [accessed August 21, 2009].

＊12　末次一郎『未開と貧困への挑戦―前進する日本青年平和部隊』毎日新聞社、一九六四年、引用はJICA「青年海外協力隊の発足の経緯と歴史」http://www.jica.go.jp/activities/jocv/outline/about/circumstances.html（二〇〇九年八月二九日接続）。

＊13　Peace Corps official website, “What Is Peace Corps?” http://www.peacecorps.gov/index.cfm?shell=learn.whatispc [accessed August 21, 2009] による。

＊14　この区分そのものが歴史的に変遷しており、例えば一九六五年までは東アジアではなく、極東という表現が使われていた。

＊15　Robert G. Carey, *The Peace Corps*, Praeger Library of U.S. Government Departments and Agencies 22 (New York: Prager, 1970), 161-63.

＊16　Ibid., 168.

＊17　*New York Times*, “Peace Corps Gets a Filipino Project, 23 May 1961.

＊18　Chicago Daily Tribune, “128 in Peace Corps Join Farmers in Philippines,” 3 December 1961.

＊19　*New York Times*, “10,000 Textbooks Sent to Philippine Schools,” 24 July 1962.

＊20　*New York Times*, “Students in Jakarta Protest U.S. Policy,” 17 February 1965.

＊21　*New York Times*, “New Peace Corps Controller,” 12 January 1966.

＊22　Carey, *The Peace Corps*, 167.

＊23　*New York Times*, "Peace Corps Shows Drop in Qualified Volunteers," 24 June 1968.

＊24　平和部隊に関する著書については、公式サイトに掲載されたリストを参照。The Peace Corps, "Books on Peace Corps," http://www.peacecorps.gov/index.cfm?shell=learn.whatispc.bookson.

＊25　Elisabeth Cobbs Hoffman, *All You Need Is Love: The Peace Corps ad the Spirit of the 1960s* (Cambridge, Mass.: Harvard University Press, 1998).

＊26　David Burner, "The Politics of the Peace Corps," *Reviews in American History* 27, no.3 (1999): 491.

＊27　栗木千恵子『ケネディの遺産―平和部隊の真実』中央公論社、一九九七年、二七〇頁。

＊28　*New York Times*, "Peace Corps Members to Wed in Philippines," 19 April 1962; "Filipino Praise Peace Corpsmen," 8 April 1962.

＊29　栗木千恵子『ケネディの遺産』、二七一頁。

＊30　Carey, *The Peace Corps*, 166.

＊31　*New York Times*, "700 Volumteer for Coprs," 6 November 1965.

＊32　Walace Turner, "Berkeley Faculty Group Protests U.S. Policy in Vietnam," *New York Times*, 8 October 1965.

＊33　Douglas Robinson, "800 Ex-Peace Corpsmen Protest War to President," *New York Times*, 6 March 1967.

＊34　*New York Times*, "Peace Corps Head in Clash on Policy," 14 July 1968.

＊35　油井大三郎「パクス・アメリカーナの時代」『世界歴史大系　アメリカ史二―一八七七年～一九九二年』山川出版社、一九九三年、三九一頁。

＊36　Fritz Fischer, *Making Them Like Us: Peace Corps Volunteers in the 1960s* (Washington, DC:

Smithsonian Institution Press, 1998).

＊37 キャロル・グラック著、梅﨑透訳『歴史で考える』岩波書店、二〇〇七年、二六頁。

＊38 Hoffman, *All Need Is Love*, 4

＊39 Michael E. Lathan, *Modernization as Ideology: American Social Science and "Nation Building" in the Kennedy Era* (Chapel Hill: University of North Carolina Press, 2000), 212.

本稿は、平成一五年度〜平成一八年度、科学研究費補助金（基盤研究（A））「アジアにおけるアメリカ文化外交の展開と変容」研究報告書（研究代表・能登路雅子、東京大学）所収の拙著「平和部隊再考――一九六〇年代の文化外交における理想主義と救世主的帝国主義」に加筆修正したものである。

# カナダの多文化主義
## ――連邦国家の脱構築――

奥田和彦

国民的統一とは、もしそれが個人的に何か深い意味があるとすれば、自分自身の「個人的」アイデンティティに対する確信に基づいていなければならない。そこから、他の人々のアイデンティティに対する尊敬の念および彼らの諸観念、態度や諸前提を共有する意志が育つのである。多文化主義の力強い政策は、その最初の確信を創造する手助けをするだろう。それは、すべての人に対する公正な行動に基づく社会の基礎を形成することができる（Trudeau, 1998: 144-5）。

――トルドー首相のカナダ議会での答弁（一九七一年十月八日）

## はじめに

多文化主義（Multiculturalism）という用語は、すでに一九六〇年代、カナダの政治社会に浸透しつつあった「二言語・二文化主義」（bilingualism, biculturalism）という政策理念に対抗して使われるようになった。世界で最初に採択された多文化主義政策は、当時、カナダ政治史上、最もカリスマ的指導者であったトルドー連邦首相がカナダの国民的統合を試みようとした政策道具であり、二つの政策課題を担ってきた。一つは、ケベック州のカナダ連邦制度から分離独立を主張する「エスノ・ナショナリズム」の台頭を牽制しながら、州内の連邦主義派を支持することでケベック州を連邦内に留めることであり、もう一つは、自由党の支持基盤が相対的に脆弱なカナダ西部への対応もさながら、特に人口が増加する非英系・非仏系住民のニーズに答えることで彼らの国民的統合を推進することであった。

ケベック州民と西部諸州民（特にマニトバ州民）の間には仏語を維持するという点では共通点はあったが、エスノ・ナショナリズムに根差したケベックの分離派が、ケベックの「独自の社会」の存続と承認へ向けての政治闘争を展開した点では異なっていた。多文化主義政策への道筋は、国民的統合を試みるトルドー連邦首相と分離独立を志向するレヴェック（ケベック党党首）の二つの異なる国家観の衝突の歴史であった。一九七〇年代と八〇年代、カナダの「政治市場」を席巻した二人の「チャンピオン」政治家の言動に焦点を当てながら、仏系ナショナリストによる国家建設が終焉して、「カナダ人の一つの夢が消える」（Laforest, 4: Chapter 1）過程を概観してみよう。

しかし、いわばその廃墟から一方では、トルドーの多文化主義の政策理念と「憲章文化」（Cairns）は、「国民的マイノリティ」固有の文化（仏系カナダ人およびカナダ先住民）の権利を擁護、彼らの自治権（集団の言語や文化の保護を含める）を認めるという「多国民連邦制度」（Kymlicka）として蘇生してきた。他方、ケベック政府は多文化主義とは異なる文化間の対話（interculturalism）を促進しながら、ケベック住民の新たなアイデンティティの再定義へ向け動き出した。以下、多文化主義政策、ケベックの分離独立運動および憲法改正などが相互に連関する国家の「脱構築」（deconstruction）のプロセスを、特に政治指導者たちの言動に焦点を当てながら、現在カナダの国家像を素描したい。

## 1　多文化主義政策の道筋

### 1　揺らぐ連邦制度

「連邦制度は、空間的に分離された価値観や利害の保護に関わるものである」（D. V. Smiley）という洞察は、ケベック州に台頭した「地域主義」の理解に資すると思われる。近代最初に連邦制度を結成したのはアメリカ合衆国であることは周知の事実であるが、カナダ憲法に規定されている連邦制度は、英国や日本などの単一国家の中央集権的な立法行政機構ではなく、国家の政治権限を連邦（中央）政府と州（地方）政府の間で分割して結成された。それと同時に、カナダ（当時は東部のみ）は英系と仏系の二つの民族で構成されていたので、当時の政治指導者たちは、英系と仏系の連立内閣（マクドナルド＝カルチエ）を結成して立法の手段で国家の全体的な政治的安定を計ろうとしてきた。ここに、カナダ国家の二元性（duality）を主張する根拠がある。また、すでに比較的自律している複数の植民地議会（ノヴァスコシアやニューブランズウィック）を統合するためには、建国時に連邦制度の結成が必要条件であった。連邦制度は、したがって、「統一と多様性の結合であありバランスである」と定義される。

カナダ建国の父たちの中でも特にJ．マクドナルド初代首相は、アメリカの「南北戦争」は、州権の集中化（地方集権化）が引き起こしたのだと判断し、カナダはそれを避けるためにも中央集権的な連邦政府の確立を志向したのである。結果的に英領カナダは、アメリカの連邦制度と英国の議員内閣制度を組み合わせた混合の政治システムを創造したのであり、歴史的に人口の集中する東部（オンタリオ州とケベック州）のほうが議席数は多く、国政は議員内閣制度が優勢になり支配するようになる。

他方、カナダの連邦制度は、建国の父たちの意図とは裏腹に、特にケベック州における地域主義の台頭と遠心力でバランスを崩し、より分散的な形をとってきた。外の世界から比較的隔離され、またカトリック教会の権威下で生活していたケベックの住民にも「静かな革命」と呼ばれる近代化の波が押し寄せてきた。世俗化や都市化によって伝統的な権威が低下していく中で、社会の舵取り役を担ったのは州政府、特にルサージ自由党政府が旧来のカトリック教会と政府の同盟関係の紐帯を断ち切って登場してからである。近代化の波は、それまでカトリック教会が支配していた教育制度の改革、経済改革や年金制度の整備などに及んだ。レヴェック（当時、ケベック州天然資源大臣、のちケベック党を結成）は州政府の経済運営の重要性を説きながら、一九六三年、同州の電力会社の州有化を決定したのである。しかし、その間、ルサージ首相自身は「疎遠で傲慢」になり、彼を継承する自由党の首相たち（ジョンソン、ベルトラン、ブラサ）は、政府の権威さえ失われていく様を目のあたりにした。ケベック社会の六〇年代後半から七〇年代の近代化の帰結は、「ますます方向舵のない社会へと変貌した」といわれる。住民に生きるための意味と方向を与えていた社会の諸制度が崩壊する中で、力を保って唯一残ったのはケベック・ナショナリズムである。

## 2　カナダ公用語法（二言語・二文化主義）

ケベックのこのような状況に危機感を強める連邦政府は、建国の二大民族間の正常化の道を探る目的で、「二言語・二文化主義政府調査委員会」（一九六三―六九）を発足させた。委員会は当時、次のような警鐘を鳴らした。「カナダは、最悪の歴史的事実を十分に認識しないまま危機に直面している。何が起っているかといえば、一八六七年に確立し決して挑戦を受けたことのない制度がいまや初めてケベックの仏系カナダ人たちに拒絶されている」と。結局、この委員会の一連の報告書が生んだ重要な成果の一つとして、英・仏両言語の平等を保障する「公用語法」が連邦政府によって制定（一九六九年）された。それによると、連邦政府レベルにおいてのみ英・仏両言語を使用すると規定したのであって、州や地方自治体に適用するものではなかった。

この政策に込めたトルドー首相の意図は、彼が赴任した頃の首都オタワ市では殆んどすべて英語が使用されていて、それを変えたいと決心したからだ、という。「二言語主義の敵は、それをあたかもカナダの住民はすべて仏語を話さなければならないと吹聴したが、そうではなくて、連邦政府がカナダ市民に奉仕する際には、二つの公用語を使用するということだ」。それと同時に、同法案は仏系カナダ人に自分たちの言語に自信を持たせるものだともトルドーは説明している（Trudeau, 1998: 135-6）。

また、公用語法はカナダ西部でも不評を買った。西部、平原諸州に移住した人々は、ウクライナ系、ドイツ系、スカンジナヴィア系などが大多数を占め、彼らは、別な理由で英語系に近い。なぜならば、彼らにとって英語は「リンガ・フランカ」、つまり、文化的に多様な社会における唯一の共通語だからであった。本物のカナダ人になることは、したがって、英語を流暢に話すことが必須の条件である。英語とカナダ主義が同一視されるとなれば、他の言語（仏語）を学校などの公共の場へ導入することは、政府のある種の「介入」と思われるのである。トルドーの自由党はカナダ西部に対して一般的に鈍感であり、またそのような言語社会的な状況に無頓着であったことは否めないだろう。[*1]

結果的に、トルドー政府は二番目の言語、仏語に対する懐疑心が潜在する社会や歴史的要因に対して「鈍感」であったといえよう。さらに悪いことに、トルドーはじめ、政府が公用語法に対する批判者たちを「民族差別者」として扱えば扱うほど、今度はケベック人たちの感情を損なうことにもなりかねないのである。実際、「殆どのケベック人たちは、カナダの他の仏系の社会に関心を示すのでもなく、また近い将来、トロント市やバンクーバー市などで仏語が通用するなどとは思ってもいない」のが彼らの描く現実でもあった。[*2]

しかし、忘れてならないのは、たとえ公用語法や英・仏両言語の平等化がケベック問題を解消する「魔法の杖」ではなくとも、公用語法の制定でケベックの分離独立という大惨事を免れることができたという評価である。トルドー自身は、ケベック問題の一部は連邦政府の失敗に起因していると見ていた。彼の公用語法は、それを是正するために政府が指導力を示したのであり、前提条件として位置づけていたのである。トルドー自身はあくまでも連邦主義者であり、ケベックに対してそれ以上の譲歩を考えたわけではない。他方、トルドーのケベック・ナショナリストたちに対する硬直的姿勢、あるいは「教条的な頑固さ」は、彼の同僚たち（例えば、ケベック自由党党首、ライアンやブラサたち）との衝突を免れえず、彼らはのちの憲法改正問題では強行な態度を堅持することになる。

## 3　多文化主義政策

トルドーが公表した多文化主義政策は、（1）彼の政党である自由党はカナダ西部であまり人気がなく、また「公用語法」は西部の経験を無視し、仏系カナダを「過度にえこひいき」していると非難されている事態への対応、また（2）西部（マニトバ州、アルバータ州、サスカチワン州）における非英系、非仏系の人口増およびトロント市のような都市部において複数の民族が移入増加したことで「民族票」の重要性に気がついた自由党党員たちは、多文化主義政策は彼らの支持を維持する助けになるだろうと考えたのである（Palmer,1991）。しかし、トルドー首相が多文化主義政策に賭けたより重要な政策課題は、燃え上がるケベック・ナショナリストの炎を鎮火して、ケベックを連邦制度に留めたいとする彼の連邦主義者としての政治的信念に起因している。特に、トルドー自身がケベック州内での政治活動から手を引いて連邦政治に参加した主な動機は、将来カナダ国家の分裂を誘発しかねないと懸念されるケベックのナショナリスト運動を打倒することと同時に、英系カナダ人が不寛容な政策（態度）をケベックに押しつけないように留意することにあったのである（Radwanski, 1978: 311）。

彼の提唱する多文化主義は、ケベック・ナショナリストの主張するカナダ国民国家の「二元性」、つまり、カナダは英・仏二大民族によって建国し構成しているという根拠に対峙するための格好の政策道具であった。それは、また、連邦政府が立ち上げた「二言語・二文化主義政府調査委員会」が仏系カナダ人の不満を解消し、英系カナダとの正常化を計るために英仏両語の平等を保障する「公用語法」に内在する民族の二元性の含蓄を取り除き、言語を個人の選択の権利に位置付けながら、文化多様性の尊重と共存させるところにカナダ国民の統一の道が開かれているという彼の政治的想像力に起因しているといえよう。それは、多文化主義政策を公表するカナダ議会での彼の次に答弁で明らかである。

私がオタワに赴任した当時の持論は、二言語主義ではなく多文化主義であった。人が二言語、あるいはそれ以上の言語で仕事ができるのは結構なことだが、すべての人が二つの文化だけを持つことを期待することはできない。なぜならば、カナダには二つ以上の文化が存在しているのだから。二言語主義は一つの政策道具であり、あなたがフランス文化、あるいはアングロ・サクソン文化に属しているということを必ずしも意味していないのだ。それは、カナダに移住してくる人々が、カナダに最初に移住したヨーロッパ人たちの言語（英語と仏語）であることを認識するための必要また有用な一歩であることを意味しているのであり、そのどちらかの言語を習得したい人は誰でもそうできるということだ。しかし、人は全部の文化を習得することはできない。その上、私は常に、「多国民」社会の優越性を信じてきた。カナダに存在する文化多様性は、疑いもなく、この国の豊かさと繁栄に寄与するものだ。（Trudeau, 1998: 144）。

彼は早速、カナダ下院での多文化主義政策の公表（一九七一年十月八日）の翌日、カナダ西部、マニトバ州の州都、ウィニペグ市の「ウクライナ系カナダ人会議」のスピーチで、彼の政策内容を次のように説明している。まず「公用語法」については「カナダ政府が第二言語（仏語）を公式に認める決定をしたのは、間接的には、多くの言語の使用と養成を支持していることなのだ。なぜならば、政府の決定は、（それが英語であれ仏語であれ）一つの言語の独占的地位を侵害することにあり、また異なる言語の成長を高めることを意味しているからだ」と。彼はさらに、多文化社会の到来を民族、言語・文化集団の構成から引き出している。カナダ国民の一人一人はいま一つの少数派集団に属しているといい、「言語的にはわれわれの起源は、英語、仏語、その他の言語が三分の一の配分で構成されている。われわれは、お互いの差異に対して寛容である以外に選択肢はない。しかし、われわれは寛容の境界を越えたところに、この広範な混合の結果として現出した豊かで多様なカナダの生活から得られる無数の機会を持つことができる。これが多文化社会なのであり、一人一人のカナダ人にその人自身の文化的本能を満たし、他の人のそれと共有できる機会を与えている。このモザイクのパターン、そこに含まれる節制と奨励がカナダを非常に特別な場所にしている」と述べている（*ibid.*: 145-6）。彼はそのように、多文化主義を提唱することでカナダ社会に内在する文化多様性を尊重するよう奨励したのである。

カナダ西部の永年の不満の対象は、カナダ東部によるカナダ政治の支配的体制に向けられていた。カナダ連邦制度に組み込まれた議院内閣制度の政治は多数決の原則が優先されやすく、人口の多い東部の意見が連邦政治に反映されやすい。連邦制度は地域間あるいは州間の格差を是正する制度として期待されたとはいえ、歴史的現実は議院内閣制度が連邦制度に対して優勢を維持してきたという、政治権力の非対称性に西部の住民は不満を抱いたのである。とはいえ、トルドーの多文化主義政策は州の対称性を説くことで、西部の「疎外感」を緩和する試みであったと理解することは可能だろう。

以上見たように、トルドーの多文化主義の政策理念は、自由主義思潮に顕著に表れるように、民族・文化の差異に対する中立の立場を採りながら、言語の選択を個人の選択に委ねることで「権利の平等」を説いている（Ignatieff, 2000）。しかし、それにも拘わらず、多文化主義政策は、公用語法と同じように、ケベックで不評を買うことになり逆回転した。そして、ケベックの多文化主義に対する反発の理由は、次に見るように、カナダ西部のそれとは異なっていた。

## 2　拡大する地域主義

### 1　ケベック党の台頭

一九七〇年代のカナダでは、経済、政治、文化面での不満と要求の震源地として「地域」（regions）が脚光を浴びた。地域主義のプロセスは、（1）社会の富および富を創造する手段をより均等に配分するという動き、他方、（2）社会のある集団の不満が噴出して社会的不安が高まる事態で富やその手段の再配分に対して抵抗する集団が現れるという二つの側面が見られる。当時、カナダの政治学者がいみじくも説明したように、地域主義のプロセスは、「制度上の秩序の基盤と、その秩序に相応する権限や富に対して疑義を唱える」という政治の「正当性の危機」を伴うものである（Gibbins, 1982）。

ケベックの分離独立運動に伴う連邦制度の危機的状況は、地域主義の様態が内向きの「保護主義的地域主義」から「拡大的地域主義」へ変貌するプロセスとして観ると理解しやすいだろう

（Breton）。特に後者への転換は、ケベック州民の意識改革ともいえる近代化―教育改革から一連の言語法の制定、さらにはケベック人のアイデンティティの確立と承認をめぐる政治（Taylor, 1993）―に至るまでのプロセスを含んでいる。その運動の担い手は、ケベック州の自由党および地域政党のケベック党である。ナショナリスト、つまり「分離派」で結成するケベック党が推進するケベックの分離独立運動は、カナダ連邦制度の「正当性」に対する異議申立てであり、カナダ連邦制度の「脱構築」を迫るものである。

連邦制度は「統一と多様性の結合でありバランスである」と定義されるが、その歴史的経緯から分かるように、ケベックの拡大的地域主義の遠心力で制度的なバランスが崩れてきたのである。また、カナダの連邦制度を英系と仏系で構成する国家連合（Confederation）を前提にする観点（二元性）と、トルドーのように、ケベックをカナダ連邦制度の一つの構成単位、つまり州の対称性を説く立場では、カナダ国民の統一の理念と実践の上で隔たりがあり、そこにはすでに政治的に衝突する火種を抱えていた。トルドーの多文化主義政策は、カナダ連邦制度におけるケベックの「特別の地位」の主張を退けようとして、連邦制度の在り方をめぐり国家観の理念上の衝突を引き起こした、と見ることができる。

「静かな革命」以降のケベックの地域主義は、州の自由党およびケベック党が主導しながら、連邦政府から権限の大幅な移譲を要求してきた。ケベックの近代化は、特に州政府がその担い手として地域開発、教育改革、言語政策、移民政策、福祉政策（年金、医療保険、家族手当など）を手がけながら、他方、財政的にも連邦政府からその支出権の移譲を要求してきた。さらに、ケベック党は、ケベック・ナショナリズムの高揚に伴い、レヴェック党首の構想する「主権連合」を前面に打ち出しながら連邦制度からの分離独立へと政治運動を展開してきた。

## 2 言語法一〇一

その一つの転換点は、ケベック政権党の主催する「主権連合」を賭けた州民投票であり、トルドーによるケベック州の「連邦派」への説得工作と憲法改正の公約である。レヴェックが主導して結成し分離独立を掲げるケベック党(一九七〇年)は、その年の州議会選挙で7議席(108総議席数の内政権党の自由党は72議席)を獲得、得票率では自由党の44・4%に対し23・1%であった。次期(一九七三年)の選挙でも同じような結果であったが、一九七六年の選挙では政権党(自由党)の26議席、得票率33・7%に対し、ケベック党は110総議席数の内71議席、41・7%を獲得し、政権党に躍り出た。今やレヴェックは州首相の座について、一期目の任期中にケベック州の主権掌握を問う州民投票を開催すると約束したのである。

新しい政府の最初の仕事の一つは、言語法一〇一の法案をケベック議会に上程することであった。この法案によると、仏語をケベックの公用語に制定し、労働者は職場で仏語を使用する権利、消費者も仏語で応対される権利を保障するというもの。また、教育の場での英語の使用を制限するとしたので、移民たちの子息は英語を使う学校への入学が閉ざされることになる。言語法が裁判沙汰になったのは、ビジネス・コマーシャルの標語は仏語以外の使用を禁ずるとしたためである。結局、連邦・州の裁判所はこの法律はケベック独自の権利の憲章を侵すものとして退け、より加減して、仏語以外の言語を並列できると判定した。この言語法の立案者、ローラン（当時、ケベック州の文化開発大臣）は、トルドー首相がこの言語法は「悪法だ」と公然と非難したのに対して、この法的措置は仏語を保護するために必要なのだ、と反論した。この言語法は、ケベックの「国民的」アイデンティティを形成する有効な方法であるといえよう。

また、ローランは同法案の意義を次のように述べていた。「われわれは、ケベックをフランス的に明白な現実にしたかった。ただ単に唯一の公用語だけでなく、実際には仏語を交信と仕事の言語とし、フランス的な環境が欲しかったのだ。われわれは、仏語は近い将来、必要、有用また有益であることをすべての住民に知って欲しいのだ。特に移民や民族集団がケベックは仏語であり、彼らの生活、昇格の言語、専門的に有利な言語は仏語であると認識して欲しい。これがわれわれの抱負だ」（Fraser: 91）、と。ただし、この言語法の制定によってケベックは従来の二言語、二文化社会に終止符を打ち、単一言語、単一文化社会へ向かうことになると憂慮する意見も聞かれた。つまり、ケベック社会から従来の文化多元主義が消失していくだろうと。また、当時、言語法一〇一の脅威を巡って怒りを隠しきれない論争が、州内の新聞社説などで巻き起こった。実際、州内で英語を話す人々のケベックからの「脱出者」は一九七六年から一九八一年の間に9万人に上るといわれている（Gillmor: 290-1）。

## 3　ケベックの州民投票

州民投票の前夜、両首相とも任期切れで次期総選挙（連邦およびケベック州）を迎えようとしていた。ところが、トルドーの自由党は総選挙で敗退して、保守党のクラーク少数派政権が誕生した。他方、レヴェック党首のケベック党は州選挙で勝利し政権に留まるが、連邦政治ではまた異変が起り、カナダ議会での予算案の審議中、野党自由党の不信任案が可決してクラーク保守党政権は一年足らずで退陣を余儀なくされたのである。そして、次の総選挙ではすでに引退を表明していたトルドーが、党幹部の執拗な要請を受けて党首として選挙に臨んだ。結果は自由党が多数派党として選挙され、トルドーが再び連邦首相の座に返り咲いた。記者会見の席上で「それではみなさん、一九八〇年代にようこそ！」、と印象的に自信に満ちた挨拶をしている。[*3]

その間、レヴェックと彼の閣僚は、州民投票の質問内容の作成に取り掛かった（一九七九年十二月十九日）。それによると、ケベック党は、「ケベックに法制定の専属的権限、徴税権、および対外関係の樹立を可能とする主権獲得と同時に、カナダとは共通通貨の使用を含む経済連合を維持する」協定をカナダ（他州）と交渉する信託権を州政府に与えることに同意するかをケベック住民に問うというものである。これがレヴェックの構想する「主権・連合」の内容である。[*4] 州民投票日は一九八〇年五月二十日に決定した。州内の連邦派たちは、質問内容を「理解しにくい」と非難し、また交渉の信託権を要請するという文言は、問題の幅広い解釈ができるまずい定義であると指摘した。トルドーは、ケベック市でのあるスピーチで、レヴェックは「州民に対しカナダから分離したいのか、イエスかノーか、と簡単な質問を聞く勇気を持っていない」と揶揄した（*ibid.*）。

州民投票日の6週間前のケベックの世論調査では、分離派の賛成が3ポイント優勢の結果が出ており、「レヴェック・チーム」はその勢いを維持すべくメディアを使って攻勢をかけてきた。ケベック自由党の連邦主義派は劣勢に置かれていたが、その間沈黙を保っていたトルドー首相は投票の一週間前、モントリオールの投票会場に現れ連邦派を鼓舞し、個性的なトーンを交えて次のようにスピーチした。「私の名前はピエール・エリオット・トルドーです。そうです、エリオットの姓は私の母の名だ。分かるでしょう、それがエリオットを意味するもので私の名はケベック人のそれであり、また私の名はカナダ人でもあるのです」と。そう述べたあと、トルドーは、歴史的な「公約」ともいわれた、ケベックと調停するために現行の憲法秩序を変える用意があると語った。彼のスピーチでは、国家連合におけるケベックの立場を変える必要を確認し、ケベックが独立することは極端また不必要であり、州の憲法上の諸問題に取り組むことを暗示したのである。レヴェックは「変化とはどのような変化なのか」と問いただしたが、トルドーは答えなかったので、「スフィンクス（なぞの人物）はそれを秘密にしている」と不満を漏らした（C.B.C.; Gillmor: 292）。

州民投票の結果は、予想されていた州内の分裂（連邦派と分離派）に沿って反対60％、賛成が40％で、ケベック州はカナダ連邦制度に留まることになったのである。レヴェックは、感情の高まる投票会場の支持者たちの群集を前にして、「今夜私はケベックの独立をいつどのようにして果たすのか、皆さんに述べることは困難な立場に置かれていることを認めなければならない。でも、われわれはそれに向かって共に歩もう」、そして「では次の機会まで」、と会場では *Gens du pays*（ケベック・ナショナリストの国歌）の合唱が流れる中、彼のスピーチを結んだ。翌年の州議会選挙でケベック党は、一九七六年選挙よりも6議席多く獲得、安定多数の80議席を獲得して再選された。それを受けてレヴェックは、「つい最近まで死んで埋葬されたと思われていた我々は復活したという意気高揚を感じる。とはいえ、我々が墓場から起き上がっても、それは夜明けとともに姿を消すものだということを支持者に念を押しておかねばならない」、と書き残している（Gillmor:292-3）。選挙の結果、連邦主義者トルドーと分離派のレヴェック両首相は、憲法改正に向けて最後の政治的決戦を交えることになる。

## 4　憲法改正と「権利と自由の憲章」

トルドー連邦首相とレヴェック州首相の政治対決は、それぞれの相反する個性のみならず問題意識の違いに明確に表れていた。その一例は、憲法改正に対する解釈の違いである。カナダ憲法（「一八六七年英領北アメリカ法」）は建国時に英国議会の制定法によりカナダに持ち込まれたもので、憲法改正は英国議会の承認を必要としていた。

二〇世紀のカナダは、名実共に独立国家であるのに憲法は、「植民地時代の残存物」であり、それを払拭するためにも憲法の移管が必要である、とトルドーは考えていた。「われわれは英国から憲法を移管し、われわれの手で、カナダ憲法にすることを考えなければならない（中略）ケベックがそれに反対するとは思わない」と述べている。しかし、レヴェックはトルドーの計画の方法に対して猛烈に反対した。「トルドーは、カナダを中央集権化しようとしている。文字通り、カナダの諸州を押しつぶして連邦制度の体勢に作り変えようとしているが、ケベックはそうはいかない」とレヴェックは決意していた。

トルドーのヴィジョンは、「権利と自由の憲章」を憲法に規定することで、市民を彼らの州政府の独断的な行為から保護することになると考えていた。彼はそれを他の州首相からも支持を期待したが、デーヴィス（オンタリオ州首相）とハットフィールド（ニューブランズウィック州首相）のみが支持を表明した。他の州の首相たちは、憲法改正は彼らの影響力の減少に繋がるのではと懸念したのである。レヴェックにとっては、「市民に新しい権利の憲章を与えるという口実の下で、オタワ（連邦政府）の意図は、ケベックの国民議会のパワーに対する前例のない攻撃であり、特に教育言語を制限し抑えようとするものだ」、と批判している（Gillmor: 293）。

### 5　新憲法の争点

トルドーは以前の憲法改正の約束を鑑みて、ケベック州民投票が終わって直ちに十名の州首相を招集して「連邦・州首相会議」で憲法改正について議論を始めた。しかし、そこでは意見がまとまらず、その後トルドーは態度を変えて連邦政府が単独で憲法「移管」に着手し、「権利の憲章」を承認のうえで憲法を改正するよう英国議会に要請すると公表した。

トルドーの一方的な憲法改正に対する異議を唱えたのはレヴェック首相だけではなかった。他の殆どの首相たちも、改正によって州権が大幅に削減されることを懸念したのである。改正反対の八人の州首相たち（のち「ギャング・オブ・エイト」と呼ばれる）の戦術は、トルドーの憲法改正の中核である「権利と自由の憲章」はすでにカナダ国民の間で支持が高いので、むしろ連邦政府の「一方的な」改正行為の合法性、それはカナダ連邦制度の存在意義（州との契約）から見て違憲行為ではないかを追及することに向けられたのである。さらに、もし憲法が改正されるとなればケベック州にとっても、カナダ連邦制度から離脱する際の条件闘争にも大きな影響を及ぼすことになる。

この件はカナダ最高裁の判決を待つことになった。判決の結果は、最高裁の「政治的配慮」で連邦政府と州政府のどちら側にも部分的な勝利と敗北を結審する「カナダ的妥協」により両政府による再交渉を促したのである。四十五頁の判決文書の主要な点は以下の二つである。（1）カナダはすでに憲法的な慣習を有しており、州権に抵触する連邦政府の憲法改正には州の同意を必要とする。州の承諾のない改正は「違憲である」。（2）連邦政府による憲法改正に際しては、英国議会に対してその旨を要請することを法が妨げることはないとした。そのように、この判決はトルドーの単独行為を妨げたことになり、彼は州首相たちの「真意」を確認しながら「交渉をするしかない」と決断したのである。トルドーが再交渉を決断したことで、彼の一方主義に異議を唱えていたレヴェックを含む八人の団結は弱体化することになる。彼らは憲法会議の最中、州権の行く末を議論し、レヴェックやトルドーの動きなどを見ながら交渉の妥協点を見出さなければならなかった。ケベック政府が最も懸念したのは、トルドーが憲法に規定しようとする個人の「権利と自由の憲章」によって州の言語法（仏語の公用語法）が破棄されるのではないかということである。

他方、トルドーは、「八人のギャング」の連帯を崩して連邦政府の優位を獲得しなければならなかった。交渉の最終段階でトルドーの改正案の代案として、ローヒード（アルバータ州首相）が代表して改正方式を提出した。それは、連邦政府が従来の州の管轄に介入する場合には（例えば、全国的な保育所プログラムなど）、州がそれから離脱する代償として、連邦政府がその分野に財政的補償をするというものである。レヴェックはローヒード案に同意するが、それは後日ケベックで逆効果を生んでしまった。なぜならば、この方式は一見筋が通っているが全州の平等の原則を前提にしているので、ケベックが長年主張してきた憲法改正に対する州の拒否権、さらにはケベック州が憲法移管以前にすでに予定していた新しい分権への主張などを放棄することを意味しているからである。ケベックでは、この方式は、レヴェックの浅い読みも含めて州の「特別な地位」を得る長年の追及を捨てるものとして非難された。レヴェックの胸中は、トルドーは「八人のギャング」とはまともに交渉しないだろうと読んでいたし、彼自身も最後にはトルドーの改正案を撤回することを決めていた。しかし、レヴェックは、トルドーの州との改正交渉は最高裁の判決で強制されていた点を見過ごしていた。これは彼の交渉戦術以上の重みを持ったのである。

州との改正論議の決着は、（1）トルドーが新憲法の是非を国民投票にかけると決断したこと（彼は連邦派が勝利すると確信していた）、その際レヴェックはトルドーの挑戦を受けざるを得ないこと。（2）国民投票を極力避けたい七人の首相たちは別の妥協案を探る中で（したがって「八人のギャング」の団結は崩れる）、デーヴィス（オンタリオ州首相）は国民投票を避けるためにトルドーに「最後通牒」を提示した。つまり、もしトルドーがこれまでの会議での改正案の合意を進めないのであれば、彼はオンタリオ州のみならず他の州の支持を失うことになると示唆したのである。たとえトルドーが単独で批准して「厳密には」合法であっても、州の「事実上の」支持がなければ違憲となる可能性が高い。さらに、トルドーを州との妥協へ動かしたもう一つの要因は、英国政府の対応である。ロンドンに滞在していたトルドーの閣僚の連絡では、当時の英国政府は憲法改正を承認させるほど議会をコントロールする影響力がないと認識したことである。

したがって、州との妥協の結果、トルドーの改正案には次のような諸条件が付けられた。それらは、（1）憲法批准に国民投票は開催しない。（2）憲章の範囲を制限するために、州の無効の権利を保障することで、州の連邦政府プログラムからの離脱を受け入れる。（3）また州は憲法移管の実施と「優れた」権利の憲章を加えることを支持するなどである。その反面、トルドー自身は、最後の妥協まで州の提案に対して次のような限定条件を要求した。それは、（1）新憲法の少数民族の言語教育権は州議会の無効の権利から免責する。それは（のち大問題に発展するが）、新憲法が発効して向こう五年間、州政府は「適用除外条項」（notwithstanding clause）を発動できないと規定した。さらに（3）今回議論しなかった先住民の権利は次期の憲法会議に上程するなどである。そのような条件付きで憲法会議の合意は妥結した。他方、レヴェックは、「不機嫌なまま」トルドーの「平和のための提案」に署名することを拒否した。レヴェックやケベック党にとっては、憲法合意に署名することはケベックの分離派の希望を「破壊する」ことに繋がると懸念したのである。このようにして、憲法会議は幕を閉じた。*5

このように「カナダ法」の制定はケベック・ナショナリストたちが推進してきた「二つの国家」建設の終焉を意味するが、他方、権利と自由を保障する「憲章文化」は、ケベック人および先住民の自治権を広範に獲得する道も開かれたのである。それを可能にしたもう一つの要因は、カナダ市民がカナダ政治の伝統的パターンである「エリート主義」を打破してトルドーの政策イニシアティヴを支持したことであろう。トルドー自身が意図していたかは別としても、ケベック住民および先住民、いわゆる「国民的少数民族」―カナダ全人口比では少数でも彼らの生活する地域では多数派を形成するので「国民」と定義―は、今日のカナダ国家を「多国民連邦制度」（Kymlicka, 1995 & 1998）へと変貌させてきたのである。国家建設のカナダ的アプローチと「ポスト・モダンの観念」の親和性を捉えて、カナダの例は世界に先んじて、「ポスト・ナショナリスト国家」の創造を想起させるのに十分である（Smith, 1994: Chapter 8）。

結びに代えて

エスノ・ナショナリズムに起因するケベックの分離主義は、カナダに二つの国家を創造しようとする対外的な運動であった。しかし、グローバル化が加速する二十一世紀の世界では、ケベック独立への「戦略的環境」は大きく変わったのである（Taylor, 1998）。ケベックの将来は北米大陸に従来の内的論理による「民族の孤島」を創造するのではなく、言語を機軸とする文化間のグローバルな対話が、ケベック人の新しいアイデンティティの形成を可能にしてくれる（Bouchard & Taylor, 2008; *Policy Option*, 2008）。それは、テイラーが以前いみじくも説明したように、「言語と言語共同体は、その住民のアイデンティティを定義する地平の決定的な部分を成す（Taylor, 1992）のであり、ケベック・ナショナリズムが十九世紀の国家創造を再演しないためには、民族ではなく言語をアイデンティティの形成軸に位置づけることであろう。「人はある言語を習得することはできるが、人種ではそうはできない」、といわれる所以である。

仏語はまた、ケベックに移入してくる新来者たちの社会統合を積極的に助長してくれるだろうし、スペイン語がそうであるように、異なる諸国民の伝統を結合してきた普遍的な言語である。仏語を使用することで、ケベック人たちは世界や文化の中心であるフランス（パリ市）へ直接、また特権的アクセスを得ることもできる。民族ではなく言語がケベック人のアイデンティティ形成の機軸であれば、そのアイデンティティは外部の影響により浸透し易く、硬直的にはならないメリットもある。その意味では、ケベックの国民的アイデンティティは、民族的自己定義から共通言語および少数民族の権利を尊重するより公民的（civic）且つコスモポリタン（cosmopolitan）な定義へ移行してきたといえる（Latouche: 137-8）。

多文化主義を唱道したトルドーは、カナダに多文化社会が到来している事実を一早く感知していたといえよう。それは先に引用した、トルドーが政策発表の翌日、「ウクライナ系カナダ人会議」でのスピーチや議会の答弁に表象されていたといえる。[*6]

トルドーの多文化主義政策および「権利と自由の憲章」の採択過程をカナダ国家の脱構築の過程と見るならば、トルドーは結果的には、カナダという国家に文化多様性の尊重と権利の平等とを共存させる国民的統一の原理を想像した政治家であったといえるだろう。トルドーの著作やスピーチを編纂したグラハムに従えば、「トルドーが終生献身した多文化主義は、社会的寛容、民主的多元主義および個の実現を成すための鍵なのだ」と述べている（Trudeau: xi）。

トルドー氏は二〇〇〇年九月二十八日、癌のため亡くなった（享年八十一歳）。全国紙『グローブ・アンド・メール』は翌朝、長文の特集を発行した。その見出しには「彼はわれわれすべてを魅了した」とある。また、カナダの週刊誌『マクリーンズ』は特集を組んでトルドーを次のように評した。「彼は派手で矛盾に満ち、肉感的で理性的であり、人を魔法にかけ感動させ、彼のカナダに対するヴィジョンと情熱でカナダ人たちを時折怒りで震わせた。彼はカナダを永久に変えた政治家であり、その過程でわれわれの魂を動かしたのである」、と。他方、同誌に彼の首相就任間もない頃の「告白」が載っており、「父は私に秩序と規律を、母は自由と空想することを教えてくれた」と打ち明けているが、それは彼の首相歴任十五年の政治活力の源泉を端的に表象しているように筆者には思われる。また、評価すべきは、彼のケベック分離派との対決から多文化主義政策、さらに憲法制定を実現させたのは、彼に同調し彼を支えたカナダ市民の活力である。その意味で、カナダの「民主主義」の成熟度は相対的に高いといえるのかもしれない。

注

＊1　カナダには建国以来、何百万もの移民が流入した。多文化主義政策の公表時の一〇〇年後における民族構成は建国時と比較して大きな変化が見られ、カナダ総人口のほぼ3分の1は二大民族以外の民族で占められている。例えば、一八七一年では非英系・非仏系民族は8％、一九七一年には非英系・非仏系民族が26％を占めていた（Palmer, 1975: 1-3; Palmer,1991:22-8.）。

＊2　他方、その後「カナダ法」（一九八二年）に規定された「権利と自由の憲章」は、ケベックの仏系住民のみならずカナダ全土の仏系住民に仏語を保護し促進する効果があり、政府の「二言語主義」の維持のための一つの条件でもあるという議論は、Nemni: 381を参照。

＊3　トルドーの自信の背後には、彼が西部で勢力を維持するもう一つの野党、NDP（新民主党）の党首、ブロードベントを自由党に招待し（彼は辞退するが）連合を組むことで、西部で不人気な自由党党員の代表権を獲得し彼の諸政策を有利に展開することが狙いで、西部の利害を自由党の政策に反映させるつもりではなかったことが窺える。トルドーは以前とは異なり、彼の政策課題

を深刻な問題としてケベックの州民投票、エネルギー、経済、憲法改正に絞った。(Trudeau, 1993: 261-273; Blais:855)。

＊4　州民投票の提案文を巡るケベック党の閣僚たちの意見対立、投票の結果についての党首の反応については、レヴェックの回想録に詳しい(Levesque, 1986: 298-309)。また、二回目の州民投票(一九九五年)では連邦政府とは交渉しないで州が単独で独立を達成するという、ケベック党が採択した計画については次を参照、Parti Quebecois, 1994。

＊5　一九九〇年出版のベストセラーの著者である政治学者とジャーナリストは、この事態を次のように評している。「過去三十年間、六人のケベック州首相たち(デュプレシス、ルサージ、ジョンソン、ベルトラン、ブラサ、レヴェック)は猛烈な抵抗をしてきたが、英領北アメリカ法はケベックに一つの権力さえ譲らないでカナダに移管されるのであり、さらに、トルドーの新憲法の勝利の真相は「犠牲を伴わない勝利とはいえず、また決定的とはいえない。そしてカナダの連邦制のヴィジョンの闘争はこれからも続くだろう」と結論している(S. Clarkson & C. McCall, 1990:385-6)。また、トルドーに対する次の評価も重要だろう。つまり、トルドーが歴代のケベック州首相たちの要求に首尾一貫して譲らなかった分野は社会政策であり、この事実がケベックのナショナリストたちを分離派へと動かした要因の一つであるということである。

＊6　一九七一年、トルドー連邦首相が多文化主義を連邦政府の政策として下院に上程し、それを各州や市政府レベルでも採択するよう奨励してからというもの、カナダ国家の文化的枠組みとしてカナダ市民に広く受け容れられているといえよう。この「トルドー法案」は、多文化主義担当大臣(一九七二年)、また国務省内には「多文化主義諮問会議」と「多文化主義理事会」(一九七三年)を設置し、さらに同法案は一九八八年、「多文化主義法」として制定された。その間、多文化主義

はケベック住民や先住民たちに表象される「民族文化集団が国家に対する一連の要求であると正しく説明されているが」、むしろ、「国家が国民的統合を促進するために民族文化集団に課す要求に対しての彼ら集団の一つの応答として捉えるのが最善の理解である」、とキムリッカは主張する。この観点に立てば、「多文化主義の理解へ向けての最初のステップは、国家が移民たちをカナダ社会への統合を説得するために及ぼす圧力（誘引および障害）を理解することであるという。不幸にも、多文化主義の批評者たちはこの点を見落として、多文化主義を社会から切り離して移民集団の地位に影響を及ぼす政策にすぎないとか、文化に対する国家の役割は「中立」であるべきだと仮定する誤った観念を抱いている。しかし、現実には、国家は文化的統合の一定の形態を促進する試みを通して市民たちの民族文化のアイデンティティ形成に深くまた密接に関与しているのである」。よって、「多文化主義は、それらの試みを拒絶したり邪魔したりはしないし、単に、それらの試みが公平であるかを確認すること」として概念化されている（Kymlicka,1998: Chapter 2, 42, 62-3）。自由主義者のトルドーは、政府が政策上は中立を保ちながら、言語などの選択の権利を個人に委ねたといえよう。また、カナダは今日では世界で最も多くの移民や難民を受け入れる多民族国家でもある。多文化主義の一連の政策は、そのような新来者たちに対してカナダ社会の主要な諸制度へのアクセスを与え増大させる試みである。例えば、人種差別是正措置（アファーマティヴ・アクション）、社会制度内での差別的、偏見的行為の禁止（ハラスメント・コード、メディア・ガイドライン）、そして、それらの制度が文化差に対する感受性を高めるよう奨励する警察官や介護士の養成、少数民族が受けたくても余裕がなくて受けられないサーヴィス（二言語のクラスやエスニック・メディア）への資金提供などである。そのように、多文化主義の諸政策は集団間の関係に関連したもので、少数派市民が広い社会の内部でいかに扱われるべきかを規制し、集団間においての

「公正」を促進するよう計画されているという。多文化主義の著名な研究者であるキムリッカは、そのように実証的にもカナダの経験は成功しており、この「カナダ・モデル」は他の多民族国家にも十分適用できると想定している（Kymlicka, 1998; 2005）。

## 参考文献


Blais, Andre, "Reading Trudeau," *Queen's Quarterly*, 100, 4 (Winter 1993).

Bouchard, Gerard & Taylor, Charles, *Building the Future*, Gouvernement du Quebec, 2008.

Breton, Raymond, "Regionalism in Canada," David Cameron, ed., *Regionalism and Supranationalism*, IRPP 1981, Chapter 4.

Burnet, Jean, "Multiculturalism," *The Canadian Encyclopedia, II*, Hurtig Publishers Ltd., 1985.

Cairns, Alan, C., *Charter versus Federalism*, McGill-Queen's Press, 1992.

C.B.C.,VTR,*Vol.17*: "In an Uncertain World, 1976-1990," 2001.

Clarkson, Stephen & McCall, Christina, *Trudeau and Our Times*, *Vol.1*, McClelland & Stewart, Inc., 1990.

Frazer, Graham, *Rene Levesque & the Parti Quebecois in Power*, Macmillan of Canada, 1984.

Gibbins, Roger, *Regionalism: The Territorial Politics in Canada and the United States*, Butterworths, 1982.

Gibbins, Roger & Sonia Arrison, eds., *Western Visions*, Broadview Press, 1995.

Gillmor, Don *et al.*, *Canada, A People's History*, *Vol.Two*, CBC,2001.

*Globe & Mail*, September 29, 2000.

Graham, Ron, ed., *The Essential Trudeau*, McClelland & Stewart, Inc., 1998.

Ignatieff, Michael, *The Rights Revolution*, Anansi, 2000.

Kymlicka, Will, *Multicultural Citizenship,* Oxford University Press, 1995.

Kymlicka, Will, *Finding Our Way,* Oxford University Press, 1998.

Kymlicka, Will & He, Baogang, *Multiculturalism in Asia,* Oxford University Press, 2005.

Laforest, Guy, *Trudeau and the End of a Canadian Dream*, McGill-Queen's University Press, 1995.

Latouche, Daniel, "Quebec in the Emerging North American Configuration," R.L. Earle and J.D. Wirth, eds., *Identities in North America,* Stanford University Press, 1995.

Levesque, Rene, *Memoirs*, trans., Philip Stratford, McClelland and Stewart, 1986.

*Maclean's*, "Pierre Elliott Trudeau, 1919-2000," October 9, 2000.

Nemni, Max, "Pierre Elliott Trudeau: Quebec's Best Friend," in *Trudeau's Shadow,* Cohen, Andrew, & Granatstein, J.L., eds., Random House of Canada, 1998.

Palmer, Howard, *Immigration and the Rise of Multiculturalism,* Copp Clark Publishing, 1975.

Palmer, Howard, *Ethnicity and Politics in Canada since Confederation,* Canadian Historical Association, 1991.

Parti Quebecois, *Quebec in a New World*, trans., Robert Chodos, James Lorimer & Company, Ltd., 1994.

"A Conversation with the Premier of Quebec," *Policy Option,* July-August, 2008.

Radwanski, George, *Trudeau*, Macmillan of Canada, 1978.

Smiley, D. V., *Canada in Question*, McGraw-Hill Ryerson, 1980.

Smith, Allan, *Canada, An American Nation?*, McGill-Queen's University Press, 1994.

Taylor, Charles, "The Politics of Recognition" in Amy Gutmann, ed., *Multiculturalism and the Politics of Recognition,* Princeton University Press, 1992.

Taylor, Charles, *Reconciling the Solitudes*, McGill-Queen's University Press, 1993.
Taylor, Charles, "Globalization and the Future of Canada, *Queen's Quarterly*, 105, 3 (Fall 1998).
Trudeau, P.E., *Memoirs*, McClelland & Stewart, 1993.
Trudeau, P.E., *Against the Current*, ed., G. Pelletier, McClelland & Stewart, 1996.
Trudeau, P.E., *The Essential Trudeau*, ed., Ron Graham, McClelland & Stewart, 1998.
日本カナダ学会編『新版　史料が語るカナダ』、有斐閣、二〇〇八年。
奥田和彦「文化共存の政治的原理を求めて」、『私学公論』、一九九三年一月号。
奥田和彦『連邦国家カナダの未来』、青山社、一九九七年。
奥田和彦「カナダの多文化主義―国民統合の政策理念をめぐって」、宮井勢都子研究代表者『英語圏における多文化社会に関しての学際的比較研究』、多文化社会研究会、二〇〇〇年七月、所収。

# フロンティア・スピリッツとマイトシップ

越智道雄

## 豪米両国の土地の肥沃度と社会階層の違い

国や土地には気風がある。これを学問的にはエートスと言う（英語だと、イーソス）。標題は、前者はおなじみ、アメリカの辺境開拓が生み出したエートス、後者はオーストラリアの相似物だ。辺境が移民を魅きつけた原動力は土地だったが、米豪では土地の肥沃度が極端に異なり、比較的肥沃な土地に恵まれていた前者では原動力たりえたものの、後者は不毛ゆえにそうはいかなかった。カンガルー一頭生き延びるのに四〇エーカーの面積が必要だなどと言われている。そのため、オーストラリアの牧場は四国くらいもあるものが多い。大陸中央部を南北に縦断するステュアート・ハイウエイで、ひとつの牧場の入口から出口まで東名高速以上の距離を走った記憶がある。

ハイウエイ（公道）が、牧場という私有地の中を走るのは両国同じだが、広大すぎるオーストラリアの牧場は道路と牧場の境界に有刺鉄線を張り渡す余裕がない。そのため、羊や牛がトラックにはねられて死に、腐敗していく姿が沿道の光景になる。アメリカの場合、有刺鉄線を飛び越えられるのは野性の鹿くらいだから、沿道の死骸は大半が鹿だけである。

土地が比較的肥えたアメリカでは、小農階層が成立、中間層として民主主義の根幹をなすことができた。他方、オーストラリアは大農地、大牧場の所有者（スクォター）とそれらを渡り歩く無産労働者（スワッグマン）に分かれ、中間層が手薄だった。これは民主主義の根幹に関わるので、心ある指導者らが中間層としての小農育成をめざして、広大な国有地を長方形の小区画（セレクション）に区切り、無償同然で提供した。むろん、小農がどうにかやっていけたアメリカが、民主主義の骨格を確立した教訓に倣おうとしたのである。しかし、入植した「セレクター」たちは、不毛度に加えて干ばつ、砂嵐、ブッシュファイアと呼ばれる野火などに苦しめられたあげく、挫折した。この国のマーク・トゥエイン（一八三五～一九一〇）に当たる「国民作家」、ヘンリー・ロースン（一八六七～一九二二）の短編「入植」（『帽子を回せ』サイマル出版会・越智・宮下・山崎共訳所収）にその辛酸が飄々とした筆致で描かれている。

従って、オーストラリアでは、アメリカのような東海岸から西部を経て西海岸へと突き進む運動律、すなわち突進力と攻撃力に満ちたフロンティア・スピリッツは育たず、主に無産労働者やわずかな小農らがたがいを守るべく結束する、防御的なエートス、マイトシップが生まれてきた。

その具体例の一つが、大陸横断鉄道の完成時期のはなはだしいずれだろう。アメリカでは一八六九年に最初の横断鉄道が完成したが、オーストラリアではその一〇〇年後の一九六九年になる。しかも、オーストラリアの場合、東西よりアジアへ向かう南北のほうが大事な方向性だったのに、南北縦断鉄道の完成は何と二〇〇四年だった。

ともかく、オーストラリアのフロンティアは、アメリカでのように激しい幻想をかきたてなかったと言える。ただし、ゴールドラッシュは別で、メルボルン北の金鉱地へは、カリフォルニア・ゴールドラッシュ並の勢いで人々が押し寄せた（詳細は拙著『カリフォルニアの黄金』朝日選書参照）。

### フロンティア・スピリッツは「積極的自由」、マイトシップは「消極的自由」

「民主主義＝平等＋自由競争」――これが民主主義の等式である。これはレースと同じで、スタートラインでは平等、後は早い者勝ちだ。いわゆる初発の平等、結果の不平等である。初期にはこの「社会登攀競争（ソーシャル・クライミング）」のスタートラインには、ユダヤ系、カトリック、有色人種や女性などが立たせてもらえなかった。宗教面では、アメリカはプロテスタントの国だからだ。従って、「われわれにもスタートラインに立たせろ」という要求が公民権運動や労働運動となる。

強烈な西進を自己の「明白な運命」として断行したフロンティア・スピリッツの場合、明らかに「自由競争」に変数がかかっていた。アメリカの覇権主義は、かつての覇権国家・大英帝国に反乱を起こしたときの底冷えのする恐怖が反転して生まれたのだが、広大な空間が西へと延びていたことにも由来する。つまり、英仏や日本と違って、他国を侵略しての領土拡張が最小限度ですんだ——すなわち、スペイン、メキシコ、ハワイ、フィリピンだが、最後のものは早期に手放している。しかもこの西部の大空間は、オーストラリアよりは肥沃だった。

自由競争は、土地や製品を媒体にする場合は「産業資本」の形態をとるが、極相的には土地は不動産も投機対象から、さらにはサブプライム・ローンのように証券化（デリヴァティヴ化）され、製品は海外から購入してすます「金融資本」に変わる。むろん、労賃の高騰が原因で、物品生産の主役である工場を賃金の安い海外に逃避させるために起きる空洞化現象である。海外へ出た企業は、「多国籍企業」となる。モノ造りは、中間層の強化、ひいては民主主義の強化に直結する。しかし、工場の海外への脱出で中間層の中核だった農民や労働者が疲弊し、富の格差が拡大、民主主義は寡頭政治に代わり、それに不満な民衆は荒れ狂い、暴民政治（オクロクラシー）という極相に落ちぶれていく。今日のアメリカでは、国富の六〇％を一五〇〇万人が占有して、主に海外に投資（これまた多国籍企業化）、残る四〇％で二億八五〇〇万人がやりくりする惨状を呈している。

オバマといえども、にわかにはこの惨状を構造的に改造できない。手順を踏んで時間をかけなければならないのに、二〇〇九年から突如登場してきた「ティー・パーティ派」と呼ばれる無党派層は一種の暴民化の様相を示し、まず二〇一〇年早々、マサチューセッツ州で自身の候補を連邦上院に当選させ、オバマの手から上院六〇名という、諸案件をどうにか通過させる最小限度の切り札を五九名に落としてしまった。

他方、マイトシップは、上記の等式では「平等」に変数がかかる。「マイト」とは「相棒」という意味だ。オーストラリア社会ののどかさ、悠長さはこれが基礎になる。

具体例をあげよう。道路工事の労働者は、アメリカでは有色人種の新移民が多い。これに対して、オーストラリアでは圧倒的に白人男性の天下だ。相棒主体では、出世も仲間内では水臭いことになるので、はなから出世志向を否定した道路工事は大事な職場になる。その代わり、有色人種の新来移民は締め出す、閉鎖社会になる。いや、出世志向を否定する要素も加えれば、二重の閉鎖社会になる。

この典型的な光景は、以下の通りである。アジア系難民の受け入れが一部の白人たちの非難にさらされていた一九八〇年代、私が田舎を走行中、道路工事に出くわしたとき、その近くで小高い岩山の岩壁に白ペンキで「アジア人出ていけ（エイジアンズ・アウト）！」と落書きしてあるのを見つけた。次男に写真を撮らせると、白人労働者たちから私たちに対してブーイングが上がったのだ。彼らが落書きの犯人だったのではないかと、今でも思っている。

この種の平等は、英の経済学者アイゼイア・バーリン（一九〇九〜九八）が唱えた「消極的自由」に当たるだろう。過剰な平等は民主主義の等式を突き崩す。一方、バーリンは、「自由競争」を「積極的自由」の根幹に据えたが、例えば民営化は競争原理によって製品の向上と低価格化を実現して国民に寄与できるとする。他方、ソ連はコルホーズその他の国営化によって経済が停滞、崩壊した。中国も人民公社その他の国営化で危機に瀕したが、素早く経済だけの自由化によって、政治面では一党独裁を護持しつつ生き延びた。

これを道路工事の場合に当てはめると、アメリカの場合のように、先行移民がホワイトカラー化すれば、道路工事は新来移民が担当できるので、閉鎖性が解消され、「積極的自由」となる。とはいえ、過剰な自由競争は、二〇〇八年九月のリーマン・ブラザーズ倒産など、アメリカ始発の経済不況のような一大トラブルの引き金を引いてしまう。

さらに言えば、オーストラリアの「差別的平等主義」の最大の外延が「白豪主義」だった。これは一九七〇年代まで続いたのである。前述の南北縦断鉄道に見られるように、「白いオーストラリア」にはアジアへ向かう生理はなく、アジアの南に位置していながら、アジアを「東洋」と呼んでいた。そのアジアを「近北（ニア・ノース）」と呼び直し、「アジアとともに生きる」という視点は母国イギリスがＥＣ（今日のＥＵ）に参加したためにやっと生まれてきたのだ。

## スクォーターVSスワッグマン

ちなみに、「マイト」とは「メイト」のオーストラリア&ニュージーランド風発音である。「エイ」を「アイ」、タイムをトイムというように「アイ」を「オイ」などと発音するのは、ロンドンのイーストエンドで今日も話されているコクニーに由来する。他方、今日の気取ったブリティッシュ英語は、一七世紀半ばに始まった産業革命を担ったブルジョワジー（市民階級）が創り出した。「市民階級」とは、王侯貴族でないが産業革命で財をなした人々で、彼らは王侯貴族への劣等感を乗り越えようと、とりすました発音を開発していったと言われる。だから、それ以前の英語は、例えばシェークスピアは、コクニーを標準的発音としていたことになる。

なお、日本では「ブルジョワ」は資産家を指すが、語義は「市民」であり、日本での意味ならば「グラン・ブルジョワ」ということになる。

従って、オーストラリアへは流刑囚が流され、サウス・オーストラリアとニュージーランドには自由民が移住してきたが、発音がコクニーであることは、彼らが主にイーストエンドなどの都市住民だったことを窺わせる。事実、都市住民の彼らは農業を知らなかった上に、母国にはなかったユーカリその他のハードウッドを切り倒し、根株を掘り出す技術も持たなかった。だから、牧場にはステーションという耳慣れない英語を当てたのである。

もう一つ、流刑囚について。かつてシドニーにいた一九八〇年代初頭、私ども夫婦は、次男と三男の英語の家庭教師にシドニー大の院生を雇った。当時、オーストラリアは日本との貿易摩擦の最初のものに出くわしていたので、この院生は日本の通商関連の法律の専門家をめざしていた。その彼が、「自分の先祖はマンリーの沖で難破した流刑船から脱出、陸に泳ぎ着いた」と言った。マンリーとは、今日、南岸のボンダイと双璧をなすシドニーの北岸の海水浴場になっている。さて、ここで微妙なことが起きた。後で思えば、彼は自分の家柄の古さを誇るつもりでその話をしたのだ。ところが、私はうっかり気の毒そうな表情を浮かべてしまったらしい。というのも、相手の顔がみるみる赤らんでいったのである。

つまり、この挿話にも、自国内では新来移民に対して流刑囚の先祖は誇るべき存在なのに、自国外では誇れない存在へと投げ返される——この微妙さにこの国の気風の屈折が感じられるわけだ。自国に何の劣等感も感じない、アメリカ人の単純勁烈《けいれつ》さがオーストラリア人には出てき難い所以である。

実は、マイトシップはこの流刑囚の間で発達した。官憲に対して身を守るためだ。それを言うなら、ロンドンのイーストエンドでその日暮らしをしていた当時から、マイトシップは十二分に発達していた。台詞の語尾には、アメリカの場合の「バディ(相棒)」のように「マイト」と必ずつけて、相手を受け入れていることを示す。

また、その流刑囚たちが、刑期を終えてからは前記の理由で牧場主と無産労働者に分かれるのだが、これも大英帝国の富の格差を再現していた。「日の沈むことなき大英帝国」(サー・ウォルター・スコット)とは、世界中に植民地を獲得した帝国は、領土のどこかで常に太陽が昇っているという意味だが、この広大無辺の領土からの原料収奪、自国工場群での生産、植民地や諸外国での販売と、他の欧米諸国をはるかに凌駕する国富増殖インフラが構築されていた。このため、一八七〇年ころから斜陽化が始まるまでは、帝国国債はかつての日本の土地資産のように絶対的保証資産とされた。

同時に、帝国の底知れない闇は、その膨大な貧困層にあり、ディケンズはその描出に専念した。福祉救済はまったくの御座なりだった。その多くが、微罪で流刑されたのだ。オーストラリア英語では牧場主をスクォターー（居座り屋／不法占拠者）と言うのは、官有地に居すわって既得権を獲得していった抜け目ない元流刑囚がいたからである。不法占拠者を指すスクォターが、オーストラリアでは上流層を指す言葉となり、スクォトクラシーは階級を表す。彼らは後に「地方党（カントリー・パーティ）」（創立一九二〇年／一九七五年、「国民党（ナショナル・パーティ）」に改称）という政党を結成、階級内でのマイトシップを組織化した。しかし少数派なので、保守の「自由党」（創立一九四四年）と必ず連立政権を組んできた。

## 米英は保守政権、豪は革新政権が断行した「保守革命」

他方、無産労働者がスワッグマンと呼ばれたのは、野宿用の毛布に身の回りの品々を巻いて背負っていた、その荷物をスワッグと言ったからである。世界的に知られた民謡、「ウォルシン・マティルダ」の題名自体が、スワッグを指す（諸説あるが、歩くと荷物が揺れるさまをワルツに譬えたものか）。歌詞は、スクォターvsスワッグマンの主題だ。牧場から出てきた小羊を捉えて食べようとするスワッグマンを、騎馬警官三騎を帯同して捕らえさせようとするスクォター、そうはさせじと小羊を抱えてビラボング（洪水がひかずに残った大きな池）に飛び込んだスワッグマンは、「これでも捕まえられるなら捕まえてみろ」と言いながら溺死、以後、そのビラボングのほとりには彼の幽霊が出るようになった。

スワッグマンは、道連れが多い。マイトシップの最も繊細な表れは、野宿して先に起きたスワッグマンが、まだ眠りこけている相棒の顔に日が当たって目がさめないように、小枝を折って枕元の地面に差しておく気遣いだろう。

流刑囚、次いでスワッグマンの間で発達したマイトシップは、次には労組や軍隊で発達した。工場が発達した欧米では、労組は都市の産物だった。しかし、オーストラリアでは労組は最初は農村でできた。その中核がスワッグマンである。特に羊の毛刈り職人（シアラーズ）は熟練労働者なので、待ったなしの毛刈り時期にスクォーターたちに対してストを打てる強みから指導層を形成した。彼らは、後に登場してきた都市労働者と連帯して、一八九一年、英本国に先駆けて「労働党」を結成した。この政党は、オーストラリアの二大政党の一つとしてこの国の政治的均衡に貢献してきた（現在は政権党）。

読者はお気づきと思うが、マイトシップは男性だけの間で培われるエートスである。だから、流刑囚、労組、軍隊と男性中心社会で発達した。むろん、流刑囚には女性もたくさんいたのだが、男性の友情のサークルに女性が入ると、マイトシップがおかしくなるのは、日本社会でもよく見られる。特に、出世できる男性との結婚を女性が望む点で、出世よりも同程度の男性同士の友情が基本となるマイトシップは彼女の介入で損なわれた。

女性の社会進出が緒につく以前では、出世した男性と結婚した場合、夫は部下や従業員とのマイトシップに励み、彼らの行きつけのパブに出入りする一方、妻は地元の上流社交界に出て、夫の人間関係を補完した。むろん、夫も合間に社交界に出た。

労組と軍隊の繋がりで今でも忘れられないのは、国防長官と労組のトップ（日本だと「連合」の代表に相当）がテレビに出て、軍隊への応募を呼びかけるテレビ・コマーシャルだった。その労組代表は、後に労働党長期政権（一九八三〜九一）の首相となったボブ・ホークだった。

英豪ともに、労組と福祉（揺り籠から墓場まで）とは、そろって前記のアイゼイア・バーリンの言う「消極的自由」を社会に蔓延させた。オーストラリアでは、「毎日どこかでストがある」と言われた。英では、印刷工場では輪転機一台に一八名もの印刷工がかかる取り決がなされ、そんなスペースはないので、何名かがズル休みをして労賃をただ取りした。皮肉なことに、労働党のボブ・ホーク首相は、自らの手でこの悪弊を断つはめになった。一部の頑迷な労組の破壊も断行した。ちょうど、レーガンやサッチャーなど、米英で保守政権がやっとことを、オーストラリアでは革新政権がやってのけたのである。そして「積極的自由」、つまり自由競争への変数値を上げたのだ。

## マイトシップに外延性を獲得させた多元文化主義

さて、最後に、マイトシップ自体の革新について触れておきたい。

おさらいだが、「民主主義＝平等＋自由競争」の等式の説明で、フロンティア・スピリッツは「積極的自由」、つまり「自由競争」、マイトシップは「消極的自由」、すなわち「平等」と大別した。かつて消極的自由の過剰が経済停滞を招いたように、積極的自由の過剰が今日の大不況を招いた。消極的自由の過剰には人種差別と性差別が伴っていた。

公民権運動と女権運動の広がりが、以上の欠点の是正を招いた。有色人種や女性をマイトシップの輪の中に取り込んだ新しい戦略が、「多元文化主義（マルタイカルチュラリズム）」だった（日本では「多元（マルタイ）」を誤訳して「多文化主義」。「多元」は複数の民族集団の母国文化の相互作用を表しているのに、「多」では単なる諸文化の並列）。これは、（一）移民の母国文化・母語の尊重、（二）移住先の言語や文化に習熟する期間の設定（普通三年間）、（三）その後に移住先のシステムに参画していかせる「社会主流化（メインストリーミング）」の三段階である。始発国はフランコフォン（仏語系）とアングロフォン（英語系）の対立緩和を迫られたカナダで、オーストラリアは主にこれを輸入した。アメリカ式の多元文化主義は、独自の発達形態を持つ。

多元文化主義は、（一）一九五〇年代、アメリカ始発の公民権運動によるマイノリティの自己主張、(二)白人マジョリティの中の意識革命を先導した中流子弟の若者の間に広がった新左翼革命、(三)体制をドロップアウトしたヒッピーたち、(四)一九七〇年代早々に始まった第二次女権運動がミックスして、オーストラリアでは主に一九八〇年代に開花した。(二)と(三)をカウンターカルチャー(対抗文化)と呼ぶが、当然、(一)も(四)もこれに加えられるべきだろう。さらにはこれらに、(五)ゲイ解放運動、(六)障害者の社会サービス要求運動が加わった。

かつての移民政策では、一日も早く移民に母語や母国文化を捨てさせ、移住先の言語とシステムへの参画を要求した。「溺れたくなきゃ泳げ(シンク・オア・スイム)」がスローガンだった。フォード自動車の英語学校の卒業式は、これの具現だった。舞台中央には大きな坩堝が作られ、その上にかけ渡した板に乗った教師たちが「かきまぜろ、かきまぜろ」と言いながらかき棒で坩堝の中をこね回している。坩堝右手には民族衣装姿の卒業生が居並び、坩堝への階段を登っては中へ下りて消えていく。他方、坩堝の左手にも階段があり、そこから民族衣装をビジネス・スーツに着替えた卒業生が星条旗を振り振り階段を下りてくる。下では教師が待ち構えていて、「きみは何人《なにじん》だ?」と聞く。卒業生が「アメリカ人です」と答えると、「ポーランド系アメリカ人だろ」と言い返す。卒業生は色をなして、「いいえ、一〇〇%アメリカ人です!」と叫び返す。教師が「よし」と言い、卒業生は舞台の袖に消えていく——これが繰り返される。まさに個人の民族性を溶解させてしまう「人種の坩堝」の具現だった。

多元文化主義では、坩堝ではなく「サラダ・ボウル」を表象にした。素材の形(民族性)を残して、それらの上にアメリカン・ドレッシング（アメリカ的諸価値）をふりかけて、ポーランド系アメリカ人の出来上がりとなる。「何々系アメリカ人」が正式な民族集団の呼称になった。黒人も、「アフリカ系アメリカ人」、「ジャマイカ系アメリカ人」となる。民族性（エスニシティ）は、ほとんど個人のアイデンティティと同一化された。

これにも当然、一長一短はあり、民族性が個人の膨らみを奪って、ステレオタイプ化してしまう――たとえ善意のステレオタイプ化だとしてもである。例えば、私は自分がつくづく日本人だと思うことはめったになく、「人間」ないしは「知識人」だと思っていることのほうがはるかに多い。それが四六時中、「日本人」と見られ、自分もそう思い込まないといけないのもくたびれる話ではないか。

ともかく、マイトシップはこうして人種差別・性差別を乗り越えさせられた。ただし、道路工事に有色人種や女性が参入するには、「アファーマティヴ・アクション（以後AA）」が不可欠になった。これは、マイノリティ・女性の進学・雇用・昇格・ビジネス契約上の優遇措置である。これによって、マイノリティや女性の進出に弾みがついた。むろん、母国イギリスのEC（今日のEU）参加で、ニュージーランドとともに「南アジアの孤児」となりかけたオーストラリアは、アジアとの通商に活路を求めるしかなくなり、「白豪主義」を捨てざるえなくなったことも、多元文化主義の外延的拡大だった。同時に、これがアジアからの移民や難民を激増させ、白人守旧派の反発をも招いた（前述の岩山への落書き）。

多元文化主義が、移民の母国文化や母語によってオーストラリアの文化環境を多様にすることは確かで、一世代を経ればその成果はめざましく表れてくるだろう。ＳＢＳ（特別放送）という、五〇余の移民の母語で放映する国営テレビ局は、そのパイオニアと言える。私たちが米軍放送で英語の音声を学んだように、ＳＢＳで外国語を学習できるし、画像で各国の様子を知ることができる。

しかし、何よりも、移民の社会参画、つまり社会主流化は、単に「消極的自由／平等」ネクサスばかりでなく、「積極的自由／自由競争」ネクサスをも加速させることのほうが、この穏やかすぎるかもしれないオーストラリアには異化作用をもたらすのではないか。マイトシップが競争力を低下させたにしては、オリンピックその他でのこの国のスポーツ選手の活躍ぶりは華々しすぎるではないか。それでも、マイトシップが過剰な自由競争へのブレーキとなってくれれば、走り出したら止まらず、どえらい目にあってやっと我に返る度合いが高いフロンティア・スピリッツのアメリカよりも、いがみ合いの多いアジア地域では、マイトシップのオーストラリアとニュージーランドは、「南の安定」の礎となり続けてくれるかもしれない。

# 近代イギリスにおける時代精神と芸術
## ——ホガースからブレイクまで——

近藤存志

### 序——芸術は時代精神から自由でいられるか

一九七五年に、英国のBBCブックスから『時代精神』（*Spirit of the Age*）と題する一冊の本が出版された。それは、ジョン・サマーソン（John Summerson, 1904-92）やロイ・ストロング（Roy Strong, 1935-）といった二〇世紀のイギリスを代表する八名の建築史家、美術史家が過去八世紀間のイギリス建築の歴史を、時代精神との関わりにおいて検討したものであった。そしてこの書物を貫く視点は、建築を時代の性質、特徴を目に見えるかたちで後世に伝える最も公共性のある芸術として捉えるというものであった。

時代精神と建築の関わりが強調される背景には、建築がその時代の趣味や慣習を意識しながら設計され、最良の建材と技術を用いて建設され、さらにはその時代の生活様式にしたがって使用される過程で、様々な外在的要素、すなわち社会的、技術的、経済的、民族的諸要素の影響をまともに受けるという事実がある。

著名な美術史家ジークフリート・ギーディオン（Sigfried Giedion, 1888-1968）は、著書『空間・時間・建築』（*Space, Time and Architecture: The Growth of A New Tradition*, 1954）において、建築を言わば「時代の索引」として捉えて、以下のように述べている。

……時代の進歩を建築によって洞察することができるというのも、建築は、一つの全体として、その時代の生活と堅く結びついているからである。建築の中に含まれているものは、すべて、形に対する好みを始めとして、その至極当然な、建物としての専門的な諸問題の追究に至るまで、その建築がつくられた時代の諸条件を反映している。建築は、あらゆる種類の要素――社会的・経済的・科学的・技術的・民族的な諸要素――の産物である。（ギーディオン〔1〕一三頁）

ギーディオンは続けて、時代精神が「建築」に如何にはっきりと「刻印」されるかという点について次のように記している。

ある時代の真の性格は、その時代がどんなに偽装しようとしたとしても、やはりその建築を通じて、建築が時代固有の表現形態を用いているか、それとも過ぎ去った時代を模写しようとしているかということで明らかにされるものである。変装していても、署名された筆跡を見れば、友人かどうか直ぐに見分けられるように、（建築をみれば）その時代の性格が、たちどころに判ってしまう。建築というものは、ある時代に実際に行なわれていたものについての、明白かつ誤ることのない指標として、その時代を評価する場合に欠くことのできないものである。（ギーディオン〔1〕一二三頁）（一部、筆者訳による）

ギーディオンはさらに著書『機械化の文化史―ものいわぬものの歴史』（*Mechanization Takes Command: A Contribution to Anonymous History*, 1948）のなかで、「芸術作品には芸術家が伝えようと意図した事柄ばかりでなくそれ以上のものが示されている」（ギーディオン〔2〕三〇五頁）と指摘している。ギーディオンのこうした視点と主張は、彼の師ハインリヒ・ヴェルフリン（**Heinrich Wölfflin, 1864-1945**）から引き継がれたものであった。ヴェルフリンは言う。

重要なのはある時代の個々の産物ではなく、それらを生み出した根本的な気質である。（ワトキン〔3〕一二五頁および一五六頁）

ギーディオンは、建築を含む芸術諸分野にそれらが生み出された時代の生活や時代精神がはっきりと「刻印」されるという自分の確信に対して、ヴェルフリンの影響が如何に大きかったか、後に次のように振り返っている。

私は、美術史家として、かのハインリヒ・ヴェルフリンの門弟の一人である。私たち門弟は、彼のすぐれた講義のみならず、彼との個人的な接触によって、時代精神というものを把握することを教えられた。ヴェルフリンは、その鋭い分析によって、個々の絵画や彫刻がもっている真の意味や重要性を明らかにしてくれたのである。（ギーディオン〔1〕一頁）

著名な建築史家にして美術史家であったニコラウス・ペヴスナー（Nikolaus Pevsner, 1902-83）もギーディオンと同様、ヴェルフリン的な研究関心から、個々の芸術家の個人的業績よりも諸芸術作品を生み出した気質としての時代精神に注目した。ペヴスナーによれば、一つの時代において時代精神が芸術文化にどのような「刻印」をとどめたかを考察すること、あるいは芸術文化的現象の総体から時代の生きた精神を抽出することが、建築史家ならびに美術史家の研究的使命であった（ペヴスナー〔4〕六〇頁）。

一方、ヴェルフリンやギーディオン、そしてペヴスナーらに共通する研究的関心、すなわち芸術的創造行為の決定因を芸術の外に見出そうとする姿勢は、無批判に受け入れられてきたわけではなかった。たとえばデヴィッド・ワトキン（David Watkin, 1941-）などのように、芸術的創造行為の内在的伝統を強調する建築史家・美術史家たちは、時代精神の役割や影響を過度に強調することを、芸術家の個性や独創性を著しく軽視、あるいは無視する独断的芸術理解として批判したのである。ワトキンは『モラリティと建築―ゴシック・リヴァイヴァルから近代建築運動に至るまでの、建築史学と建築理論における主題の展開』（*Morality and Architecture: The Development of a Theme in Architectural History and Theory from the Gothic Revival to the Modern Movement*, 1977）のなかで、「結局のところ芸術的創造はそれ自身に内在的な伝統を持つのであって、芸術の領域に外在的なことがらを単純に反映したものではない」（ワトキン〔3〕一五三頁）と主張した。同様の批判は、芸術家の「個性的でありたいという衝動」が芸術的創造行為に与える影響を強調する人々からもなされた。たとえばデザイン史研究の視点からは、次のような指摘がなされている。

時代精神の概念を使う人が気づいていないのは、もしそうした支配的な時代精神が広がると、必ずそれに反対したり無効にしようとする集団や個人がいるということである。（ウォーカー〔5〕二一四頁）

しかし、一つの時代に試みられた多種多様な芸術創造行為と、その試みの結果としての多種多様な作品に、時代精神の働いた軌跡を読み解く行為は、かならずしもこうした「個性的な反応」を排除するものでない。そもそも時代精神とは個性的な芸術家の独創的な着想や構想、創作に何ら制限を加えるようなものではなかった。むしろ時代精神とは、個々の芸術家に「多種多様な反応」をうながす着想源のようなものであり、芸術家の独創性とは時代精神に対して個々の芸術家が示す「多種多様な反応の有り様」なのである。したがって、ある時代の精神に没個性的な傾向があったとして、ある芸術家がそうした傾向に反対したり、無効にしようとしても、そうした選択もまた確かに時代精神との結びつきのなかに生まれた独創的反応であったと言えよう。

具体的な事例として、産業革命下の発展著しいイギリス社会において対照的な作風を確立した二人の画家、ジョゼフ・マロード・ウィリアム・ターナー（Joseph Mallord William Turner, 1775-1851）とジョン・コンスタブル（John Constable, 1776-1837）について注目してみよう。

ターナーは、イギリスを代表する風景画家として知られる。彼は、地誌的な水彩画を学び、ロイヤル・アカデミー附属学校に入学し、二七歳の時に同アカデミーの正会員になった。画家ターナーが生涯テーマとしたのは「感情を伝える媒体としての光、絵画において主たる表現上の役割を演じ独立した絵画的一要素である光」（ウイルソン〔6〕一三六頁）の表現と、「自然界のダイナミズム、自然界にそなわったエネルギーと力」（ウイルソン〔6〕一三六頁）の描写であった。光の表現に対する彼の関心は、《水蒸気の中を昇る太陽と魚の汚れを落とし売っている漁師たち》（*Sun Rising Through Vapour: Fishermen Cleaning and Selling Fish*, 1807）や《死者と瀕死の人間を船外に投げすてる奴隷商人たち》（*Slavers Throwing Overboard the Dead and Dying, Typhoon Coming On*, 1840）などの作品に、さらに自然界のダイナミズムに対する関心は、《難破船》（*The Shipwreck*, 1805）や

《雪崩で破壊された小屋》（*The Fall of an Avalanche in the Grisons*, 1810）、《雪嵐―ハンニバルと彼の軍隊がアルプスを越える》（*Snow Storm: Hannibal and His Army Crossing the Alps*, 1812）などの作品を生み出した。また「光」と「自然界のダイナミズム」に対するターナーの関心は、一八三四年一〇月一六日に発生したウェストミンスター宮殿（イギリス国会議事堂）の火災を描いた一連の作品群《国会議事堂の火災―一八三四年一〇月一六日》（*The Burning of the Houses of Parliament*, 1834）にも明らかであろう。夜通し燃え続けた火災は、闇夜に「光」を浮かび上がらせ、彼がしばしば描いた嵐や大波、噴火のような自然現象と同じく人間を圧倒する猛威を振るった。

そんなターナーの代表作のひとつに《雨、蒸気、速度―グレートウェスタン鉄道》（*Rain, Steam, and Speed: The Great Western Railway*, 1844）がある。雨の降る中、疾走する蒸気機関車のスピードとエネルギーを画面に記録したこの作品は、産業革命と新しい技術文明の象徴である鉄道が、絵画の本格的な主題となった最初期の事例である。当時の証言によれば、ターナーは雨の中を走る列車の窓から身を乗り出してその速度を体感し、観察したという。

一方、ターナーと同世代に属するコンスタブルは、代表作《干し草車》（*The Hay Wain*, 1821）にも明らかなように、イングランドの静かな田園風景を描写し続けた。産業革命期の都市社会に背を向け、古き良きイングランドの田園を懐かしむかのように風景を描き続けたことから、彼の作風は反産業革命的な芸術創作姿勢として理解することができよう。

こうした両者の代表的作品――《雨、蒸気、速度―グレートウェスタン鉄道》と《干し草車》――

を比べれば明らかなように、彼らが産業革命下のイギリスの社会と精神に対して示した反応はきわめて対照的なものであった。すなわち、ターナーは積極的に、コンスタブルは言わば逃避的に、産業革命との関わりのなかで「風景」を描いたのである。しかし大都会ロンドンの喧騒から逃れて田園風景を描いたコンスタブルも、煙を噴き出しながら疾走する蒸気機関車を興奮気味に描いたターナーも、ともに同時代の産業化著しい社会とその精神に対して独創的で個性的な反応をカンバス上に描き出したという点で、時代精神との関わりのなかで創作活動を展開したのである。そしてこの時代精神に対して示された多様な、そして時として対照的な反応の共存状態こそが、一八世紀から一九世紀へと至る近代イギリスの芸術と時代精神の関係をきわめて的確に表現していたのである。

西洋美術は一八世紀後半から一九世紀中葉にかけて大きな変化を遂げた。つまりこの時代に啓蒙主義思想をはじめ、フランス革命や産業革命の影響の下、美術の領域においてもそれまでの伝統や慣習とは根本的に異なる新しい考え方や価値観が誕生したのである。これはいわゆる西洋美術における「近代」のはじまりを意味し、様式史の区分に照らせばそれはロマン主義の台頭を意味していた。

ロマン主義美術とは大まかに言うならば、新古典主義美術へのある種の反動として理解することができる。それは、古代ギリシア・ローマの美術を「不変の理想」とする西洋古典主義美学に対する美術史上初の根本的なアンチテーゼであった。

ロマン主義の美術は、古代ギリシア・ローマの美術の「不変の理想」に代わって、普遍的な理性に代わる個人の感性と過去の伝統に囚われない芸術家の創造力を重視するとともに、「美の主観性」と、時代、民族、個人によって異なる「美の多様性」を確認した。こうしたことから、それまで存在しなかった視覚表現の追求がすすみ、主題、様式とも古典主義的な規範からの逸脱が積極的に図られ、結果として肖像画、風俗画、風景画など、より現実に根ざした画題が飛躍的に増加することになった。

また、一八、一九世紀にはオリエント世界（中近東や北アフリカのイスラム文化圏）と西欧との関係が緊密になったことから、古典主義的な規範から逸脱した画題や様式を採用するロマン主義の創作姿勢は、おのずと非西欧文化圏の諸事象に美的創造行為の着想を求める傾向、いわゆる「異国趣味」をも内包することになった。

このロマン主義的な異国趣味は、絵画芸術に限定されない広がりを示した。たとえば、東インド会社で活躍したチャールズ・コッカレル卿（Sir Charles Cockerell, 1755-1837）は、グロスターシャーの自邸セズィンコート・ハウス（Sezincote House, c.1805）に自分がインドで見た異国趣味の装飾や形態を採用することを望み、タージ・マハル廟を彷彿とさせるタマネギ形の丸屋根を頂く不思議な邸宅を完成させている。

こうしたロマン主義的傾向がいち早く芽生えた国がイギリスであったことは、単なる偶然とは言えない。というのも、過去の伝統に囚われない芸術家個人の個性と創造力を最大限に強調する前提として、普遍的な理性に代わる個性や「美の主観性」を論理的に説き、理性主義哲学に基づく古典主義美学を否定したのは、イギリス、とりわけスコットランドの啓蒙主義の美学思想だったからである。実際のところ、少なくともイギリスについて言えば、古代ギリシア・ローマ美術を「不変の理想」とみなすことから解放されたロマン主義美術を、「啓蒙主義美学に基づく芸術創造行為」と表現することができるはずである。

古典主義美学のしがらみから解放されたロマン主義の芸術創造行為においては、作者であるところの芸術家本人の意識や時代感覚、政治的思想、宗教観等にしたがって、時代の精神は多様なかたち、度合いで作用することになった。本稿では、まず時代精神の影響から最も遠く離れた作品例として、自らの「内面世界」の描写にこだわり続けた画家ウィリアム・ブレイク（William Blake, 1757-1827）の作品から見ていくことにしよう。そのうえで、時代精神との直接的な関わりを特徴とする作品例としてウィリアム・ホガース（William Hogarth, 1697-1764）の教訓画を取り上げる。また芸術家という職能と時代精神との関係について、一八世紀イギリスを代表する肖像画家の一人、アラン・ラムジ（Allan Ramsay, 1713-84）の作品を例に考えたい。

## 1　内面世界の芸術的表現と時代精神

### ブレイクの夢想《ヴィジョン》

ウィリアム・ブレイクは一七五七年、ロンドンに生まれた。彼の父親は靴下職人であったが、その生活は貧しいものであったという。ブレイクは早くから絵画的な才能を開花させたが、はじめ彼が画家ではなく、版画職人となる決意をしたことも、こうした家庭の経済状況が原因であったと言われている。ブレイクは一七七二年、一五歳の時に版画家ジェイムズ・バサイア（James Basire, 1730-1802）の弟子となり、生涯を通じて「版画職人ブレイク」と名乗ったと言われている。

ブレイクは、自分の書いた詩の挿絵に代表されるように、文学作品と密接な関連をもつ分野において多角的に才能を発揮した。ブレイクによれば「絵画は物的世界の模倣とは無関係で、詩と同じ種類の想像的芸術」（ブラント〔7〕三五頁）であった。彼にとっては、絵画も詩も「観念」――あるいは彼自身の言葉を使えば「夢想」（vision）――を表現し得るという点で、等しく有効な手段だったのである。ブレイクは言う。

ただ一つの力が詩人を生む。つまり、想像力であり、聖なる夢想である。（ブラント〔7〕三四頁）

絵画は、詩や音楽と同様、不滅の思想の中に存在し、不滅の思想に歓喜するのである。（ブラント〔7〕三六頁）

また、彼は人生の目的とは、「夢想を見、夢と預言を夢みて、寓話を語る」（ブラント〔7〕三五頁）ことであると述べたと言う。

ブレイクによれば、画家は「物的世界」をそれ自体のために研究するのではなく、背後に「真理」が存在している「一連の象徴群」として観察する必要があった。そしてこの「真理」は、画家が神秘を洞察することができる場合にのみ理解されるものであり、このことを可能にするのは「想像力」だけであった。ブレイクは、「想像力」によってのみ画家は、目に見える有限なるものを超えて無限なるものを洞察し、聖なるものとの直接的交感に到達することができると確信していたのである。こうしたブレイクの考え方は、彼の次の言葉に最も端的に表されている。

万物の中に無限なるものを見る人は神を見る。理性だけを見る人は自分だけしか見ない。（ブラント〔7〕三九頁）

この言葉はまさに、ブレイクが「夢想家である」ことを願った理由を、そして同時代のイギリス社会の理性主義的傾向に対する彼の批判的立場・姿勢を率直に言い表している。

## ブレイクの理性主義批判

「夢想家」としてのブレイクが強く敵視したのが、イギリスのロイヤル・アカデミー（一七六八年創立）の初代院長ジョシュア・レノルズ卿（Sir Joshua Reynolds, 1723-92）であった。

レノルズは、一七二三年、プリマス近郊のプリムトンに牧師の三男として生まれた。レノルズ家は経済的に裕福ではなかったが、知的な家庭であったことが知られている。父親のサミュエル・レノルズ（Samuel Reynolds, 1681-1746）はオックスフォード大学ベーリオール・コレッジのフェローだった経歴の持ち主であり、親族にはケンブリッジ大学キングズ・コレッジと名門パブリック・スクールであるイートン校のフェロー経験者や、オックスフォード大学コーパス・クリスティ・コレッジのフェローやエクスターの聖ピーター大聖堂のキャノン（聖堂参事会員）を務めた者もいた。しかしおそらくは経済的な事情から、レノルズの兄たちはいずれも大学へ進学することはなく、一番年長の兄は海軍大尉に、次男はエクセターで鉄器商人となった。レノルズ自身も、当初は薬剤師となるべく修業に出される予定であったが、幼少からの画才が周囲に認められ、一七四〇年、一八歳で肖像画家トマス・ハドソン（Thomas Hudson, 1701-79）の門弟となった。彼はその後、ハドソンの下での約四年間におよぶ修行を経て独立し、郷里を中心に肖像画家として生計を立てることになった。

そんなレノルズに一七四九年、その後の彼の芸術家人生を方向づけることになる一大転機が訪れた。この年、彼は知人の紹介で任務のために地中海へ向かう艦隊司令官に随行するかたちでイタリアへ渡る機会を得たのである。経済的に豊かでなかったレノルズにとって、これは古典芸術とルネサンス芸術を直に学ぶ絶好の機会であった。一行は一七四九年の晩夏にプリマスを出発した。レノルズは途中、スペインのミノルカ島で落馬事故に遭い、五ヶ月程その地に留まらなければならなかったが、一七五〇年四月中旬にローマに到着した。以後一七五二年五月初めまで約二年間、彼はそこに滞在し、ルネサンスの巨匠たちの傑作から直に学んだ。

レノルズがローマでの学びを終え、イギリスへ帰国したのは、一七五二年の秋のことであった。彼は翌一七五三年にはロンドンにスタジオをかまえ、まもなく新進気鋭の肖像画家としてその才能を開花させることになった。

レノルズは、肖像画家としての創作活動の一方で、その生涯を通じて彼がローマにおいて目にした古典主義美術を手本にイギリス美術の発展をめざすことに専念した。そうしたレノルズの美学的見解と主張は、彼がロイヤル・アカデミーの院長に就任してから行なった一五回の美学講話を通して、イギリス芸術界の次世代を担うことになる若い画学生に絶対的指針として教えられた。

一連の講話においてレノルズが最も強調したのは、芸術作品の「卓越性」とは歴史的過去に蓄積された経験の成果を意味し、それは歴史上の傑作と呼ばれる作品を学ぶことによって修得され得るものである、という主張であった。レノルズは、「巨匠たちの傑作に絶えず学べ。可能な限り密接に、その様式について、手法について、そして巨匠たちが実際に拠り所として試作に取り組んだ原理・原則について、巨匠たちの傑作に学べ」（近藤〔8〕三二頁）と教えた。彼は、巨匠たちのこれまでの活動によって芸術作品に関する法則はすでに確立されており、若い画学生たちはこの法則に従わなければならない、と信じて疑わなかった。そして「巨匠の作品に学びすぎる危険などありえない」（近藤〔8〕三四頁）と説いた。

こうしたレノルズの主張は、言葉と活字を通してのみならず、具体的な絵画作品によっても表明されている。一七七三年から一七八〇年頃までの間に描かれたとされるレノルズの《自画像》（*Portrait of the Artist*, c.1773-c.1780）は、イギリス芸術界に君臨する彼のロイヤル・アカデミー院長としての権威と、画家としての彼の美学的立脚点を最大限に表現している。レノルズはこの《自画像》を描くにあたって、彼が一七七三年七月九日にオックスフォード大学から名誉博士号を授与された際の真紅のローブを身に纏い、その傍らにあえてミケランジェロの胸像を置いた。真紅のローブはおそらくはレノルズの現世的名誉心の誇示を、あるいは同時代に対する芸術界の権威を表明する小道具であり、ミケランジェロの彫刻は彼の画家としての、そして教育者としての立脚点の表明であった。すなわちその胸像は、ロイヤル・アカデミーの院長であっても、ミケランジェロに学ぶところがあることを暗示するとともに、ミケランジェロをはじめとするイタリア芸術の巨匠たちによって「芸術の法則」なるものが既に確立されているというレノルズの教えを表現するものであった。

レノルズの傑作のひとつとして知られる作品《悲劇のミューズに扮したシドンズ夫人》（*Mrs Siddons as the Tragic Muse*, 1784）もまた、レノルズの主張を的確に表している。この作品に描かれたサラ・ケンブル・シドンズ（Sarah Kemble Siddons, 1755-1831）は、悲劇を得意とする女優として当時イギリスで良く知られた人物であった。そんな彼女の姿をレノルズは、ミケランジェロがシスティナ礼拝堂の天井に描いた預言者の身振りを意識的に参考にして描いた。

レノルズの手による一連のイギリス上流階級の肖像画は、彼が過去の歴史画や宗教画に熱心に学ぶ一方で、常に徹底して自分の生きた時代の実在した人々の姿を描いた一級の肖像画家であったことを示している。そして同時代の目に見える現実世界の描写に徹するレノルズのこうした創作姿勢を、ブレイクは「夢想」や「想像力」を否定ないしは過小評価しているとして痛烈に批判したのだった。

ブレイクの見方にしたがえば、レノルズは確かに理性によって抑制された目で対象を描いた画家であった。たとえば、イギリス上流階級の肖像画に歴史画や宗教画に通じる普遍性を付加しようとしたレノルズは、描写対象である人物の個性を強調する「顕著な性格」の描写は「理想の美」の追求とは両立し得ないと考えていた。レノルズは言う。

もっとも完全な美をもっとも完全な状態に保存しておきたいのなら、喜怒哀楽を表現することはできない。（ブラント〔7〕四一頁）

すなわち、レノルズは実在する個人の肖像をある種の「歴史画」として普遍化させる過程で、「抑制された表情」の描写、「理性に縛られた芸術実践」を提唱したのであった。こうしたレノルズの主張にブレイクは決して同意することができなかった。ブレイクは、個人の喜怒哀楽の表れこそが美しいことを確信して主張する。

激情と表情は美そのものである。(ブラント〔7〕四一頁)

「理性によって縛られた世界」、「理性によって縛られた人生」に対するブレイクの嫌悪と批判は、彼が描いた《ヨーロッパ―ひとつの予言》の口絵(*Europe, a Prophecy:* Frontispiece, c.1821)(図版1)の中心テーマである。この作品において「絶対者ユリゼン」は、想像力のある自由な生活とは正反対の、理性に縛られ、理性によって抑制された生活を送ることを人間に強いる「悪の象徴」として描かれている。眼下の闇の空虚に向かって巨大な「絶対者」が差し出すコンパスは、混沌に対する秩序の賦課を象徴するモティーフではない。このコンパスは、むしろ無限なるものの有限なるものへの縮小を象徴しているのである。

図版1　ブレイク《ヨーロッパ―ひとつの予言》の口絵(1821年頃)

コンパスのモティーフは、同じような象徴的役

図版２　ブレイク《ニュートン》（1795年頃）

割を担う一種の小道具としてブレイクの《ニュートン》（*Newton*, c.1795）（図版2）のなかにも描かれている。この作品では科学者ニュートンが薄暗い海の底で、コンパスを手に身体を屈めている。ここで薄暗い海は　物質主義を象徴しており、ニュートンが手にするコンパスはやはり無限なるものの有限なるものへの縮小を象徴している。つまり、この作品においてニュートンは、物質主義の世界において、ものごとを数学的に定義しようと必死になっているのであり、その存在は理性に縛られ、抑制された生活を送ることを人間に強いる言わば「悪の象徴」として表現されているのである。

　ブレイクはしばしば地上の理性主義の主唱者としてニュートンを批判した。すなわち《ニュートン》に描かれたこの科学者の姿は、理性だけを弁護し、想像力を放棄する存在として扱われているのである。ブレイクの生きた個人的な「夢想の世界」は、ニュートン力学の特徴の一つである「数え測ること」とは全く相容れない世界だったのである。ブレイクは言う。

　ニュートンは「疑え」という。ああ！それが自然の全貌を解明するやり方なのか。「疑え、疑

え、そして実験なしには何も信じるな」ということか。（ブレイクの「手帳」より）（鈴木〔9〕一一九頁）

彼はまたこうも主張した。

芸術は生命の樹であり、科学は死滅の樹である。（「ラオコーン」より）（鈴木〔9〕一一九頁）

無限を代数によって説明する方法がニュートンによって発見されても、ブレイクは「私はイング、、、ランド人の大多数が無限定を好むということを熟知しています。その無限定を、彼らはニュートンのありもしない原子の流率法によって測るのです。……一本の線はいかに細分しても一本の線でしかありません」（鈴木〔9〕一一九頁）（一部、筆者訳による）と述べて、ニュートンを批判したのだった。

## ブレイクの多彩な着想と時代精神

ニュートンを批判し、同時代の理性主義的傾向に反発したブレイクも、理性主義を内包する啓蒙主義思想という一八世紀イギリスの強大な時代精神からは完全に自由ではいられなかった。というのも彼が何よりも重要視した個人の想像力の価値を、あるいは美的創造行為の主体性を論理的に主張し、擁護したのは、他でもないブレイク自身が生きた一八世紀イギリスの時代精神としての啓蒙主義思想の価値観と美学思想だったからである。ヒュームをはじめとする啓蒙主義の思想家たちが確立した「美の主観性」の論理は、芸術家が多彩な着想源について自己解釈を行い、その変容を試みる創作行為のプロセスを論理的に肯定するものであった。そしてそれは、身近な諸芸術に着想を得ることに積極的な意味を見出すとともに、普遍的な美の追求を否定し、個の追求、個の感情を重視する姿勢を拡大させることになった。普遍美を追求する理性主義美学を否定し、経験主義美学に基づいて「美の主観性」を確信する、こうした時代の精神とブレイクの創作理念との一致は、孤高の芸術家ブレイクが、実際には如何に多彩な芸術の先例に着想源を見出していたかを確認することで明らかになる。

ブレイクはバサイアの下で、明確な輪郭をもつ版画技法を習得したが、彼が学んだのはそうした版画家としての実践的技術だけではなかった。ブレイクはバサイアの下で古物研究家リチャード・ガウ（Richard Gough, 1735-1809）の著書『イギリスの墓碑』（*Sepulchral Monuments in Great Britain, Part I*, 1786）の挿絵を担当し、この仕事のために多くの時間をウェストミンスター・アベイのゴシック空間の中で中世イングランドの王族の墓碑や記念碑をスケッチして過ごした。そしてこの経験を通してブレイクは中世ゴシック美術の影響を受けることになったのである。これは、ブレイクの中世ゴシック美術との最初の接触であり、この時に目にした中世の象徴的美の先例は、その後の彼の創作活動において常に重要な着想源であり続けた。ブレイクの中世イングランドに着想を得た作品は多くの点で素朴であり、またしばしば不正確であったが、そこには見る者を夢想の世界へと引き込むある種の説得力が認められる。

ブレイクの作品のなかでもとりわけ中世ゴシック美術（あるいはウェストミンスター・アベイの中で過ごした経験）の影響が顕著に認められるのは、彼がしばしば描いた横たわる人体像の構図である。それは中世の王族らの墓碑から直接インスピレーションを得たものである。

ゴシック美術の影響を受ける一方、ブレイクの作品には、古典主義美術からの影響も指摘することができる。彼は一七七九年にロイヤル・アカデミー附属学校の学生となって、一時期、古典主義的芸術教育の影響下にあった。ブレイクのアカデミー附属学校での実際の在籍期間はきわめて短期間であったが、その経験は彼の実際の創作活動に重要な影響を及ぼすことになったようである。ブレイクは同アカデミー初代院長のレノルズを批判する一方で、アカデミーとかかわりの深い芸術家や、アカデミーが重視したルネサンス絵画の先例から多様な着想を得たことが知られている。

とりわけブレイクに直接的影響を与えた同時代のアカデミー会員は、歴史画家ジェイムズ・バリー（James Barry, 1741-1806）であった。バリーは一七七三年から一七九九年までロイヤル・アカデミーの会員であり、ブレイクがアカデミー附属学校に入学する前年の一七七八年からはアカデミー絵画学教授という当時の画壇にきわめて強い教育的影響力を持つ地位にあった。したがって短期間とはいえ、バリーはブレイクの師にあたる立場にあったはずで、そうしたある種の師弟関

図版3　ブレイク《アダムを創造する神》（1795年）

係を暗示するかのように、ブレイクがしばしば描いた毛むくじゃらで髪を生やした老人のイメージは、バリーの作品のなかに登場する老人の容姿に酷似している。

レノルズがミケランジェロを激賞していたこと、そしてブレイクがレノルズ批判を展開していたことは、すでに確認したとおりであるが、ブレイクの創作姿勢にもレノルズの主張との一致点がまったく見出されないわけではなかった。というのもレノルズが激賞したミケランジェロこそが、ブレイクにとって生涯にわたる持続的着想源であり続けたからである。

ブレイクの《アダムを創造する神》（*Elohim Creating Adam*, 1795）（図版3）を見てみよう。この作品に描かれる「神」の御姿の構図は、ミケランジェロがシスティナ礼拝堂の天井に描いた《アダムを創造される主》（*Creation of Adam*, 1510）における「神」の御姿を彷彿とさせる。

ブレイクが描いた連作《ヨブ記》の第一三場面（*Illustrations of the Book of Job*, Plate 13）、「主」が「嵐の中からヨブに答えて仰せになった」（ヨブ記三八章）瞬間を描いた作品にも、ミケランジェロの同様の作品からの影響を指摘することができる。嵐の中から出現し、ヨブに語りかける「主」の御姿は、まさに『ヨブ記』のクライマックスである。跪いて見上げるヨブの顔前に現れた「主」

は、大きく腕をひろげ、黄金の光に包まれている。

ミケランジェロの作品に着想を得たブレイクの作品は、これぱかりではない。既出の《ニュートン》（図版2）についても、ミケランジェロの作品からの影響が指摘されている。深海の底で窮屈な姿勢をとるニュートンの姿は、ミケランジェロがシスティナ礼拝堂の壁面に描いた《アビヤ》（*Abijah*, 1512）から、ジョルジョ・ギージ（Giorgio Ghisi, 1520-82）の版画を介して着想されたものと考えられている。

### ブレイクとレノルズの見解上の類似性

ブレイクの個性的な芸術は、確かに多彩な着想源のうえに成立したものであった。しかしブレイクの芸術の最大の特徴は、他の画家からポーズを借用する場合でも、その姿・形状を創造的に改変することで、まったくブレイク固有の独創的な表現やスタイルが確立されている点である。その改変は大変徹底したもので、一見しただけではミケランジェロに代表される諸先例から着想を得た形跡すら見当たらない場合も多い。しかしこうしたブレイクの創作姿勢もまた、レノルズがロイヤル・アカデミーで説いた画家のあるべき創作姿勢と、さらにはブレイク自身が生きた一八世紀イギリスの時代精神と一致するものであった。レノルズは言う。

巨匠たちの筆づかいをコピーするのでなく、彼らの構想のみをコピーせよ。彼らの足跡をな

図版4　レノルズ《真理の勝利》（1774年）

ぞるように踏みつけるのでなく、彼ら（ミケランジェロやラファエロといった巨匠たち）が歩んだ同じ道のりを歩み進むようにだけ努めよ。（近藤〔8〕三八頁）

こう述べてレノルズは、構図の取り方や熟達した筆づかいなどに注視する「真似る」という行為を、「最も危険な堕落の要因」として批判した。レノルズは先例の形態的、技法的特徴を「真似る」のではなく、先達の巨匠たちに倣い、彼らの作品を研究してそれらの長所を引き出すことの重要性を説いた。レノルズによれば、芸術家は、優れた先例から借用しようとする要素を自分の作品において改良し、活用することに努めなければならなかった。

単なる形態的、技法的特徴にのみ注目して複製行為を繰り返す姿勢を批判し、芸術家個人の独創性の介入を容認するレノルズの前述の言葉に注目するとき、ロイヤル・アカデミー院長としての彼の主張に反理性主義美学の傾向を見出すことができる。そしてこの点に、理性主義を徹底的に批判したブレイクとの共通点を認めることができるのである。

レノルズはまた、ブレイクのようなやや乱雑な啓蒙主義理解を連想させる構図で作品を制作したこともあった。レノルズが描いた《真理の勝利》（*The Triumph of Truth*, 1774）（図版4）は、ヒュームに対する痛烈な批判を展開したアバディーン大学道徳哲学教授ジェームズ・ビーティー（James Beattie, 1735-1803）の肖像である。この作品のなかでビーティーは、懐疑論者・無神論者たち（ヒュームら）が打ち負かされているところに居合わせている。つまり、「疑え、疑え、そして実験なしには何も信じるな」と主張する懐疑論者たちが、「真理」の前に打ちのめされているである。この作品は理性に基づいて物事を「疑う」同時代の傾向を批判的に描写している点で、確かにブレイクの《ニュートン》に通じる当時の時代精神に対する批判を含んでいる。

無論、ブレイクの《絶対者》や《ニュートン》と、レノルズの《真理の勝利》の間に認められる類似性は、彼らが同一の信念に生きていたことによるものではない。《真理の勝利》は反懐疑論者としてのビーティーの肖像画であり、そこに描かれた「撃退される懐疑論者の姿」は、あくまでビーティーの思想的立場を明示するための小道具であった。したがってその構図は、レノルズ自身の思想的立場の表明ではない。ブレイクは信念の人であったが、レノルズはむしろ「理想」と「現実」の間で、すなわちロイヤル・アカデミー院長としての「理想」と売れっ子の肖像画家としての「現実」の狭間で悩み、また苦しんだ人であった。晩年、レノルズはミケランジェロへの賞賛の言葉に続けて、次のように語ったと言う。

私は……私の能力と私の生きた時代の好みに一層ふさわしい道をたどってきました。……そのくせ、今から生まれかわることができるとすれば、私はあの偉大な先人の歩んだ道を行き

たいと思います。〔ペヴスナー〔10〕四六頁〕

《真理の勝利》を含むレノルズの一連の肖像画が今日に伝えていることは、レノルズが一八世紀イギリスの思想的対立を認識していたということ、そしてその対立が単なる同時代の社会現象以上の深遠な意味を有していると彼が認識していたということ、さらにはレノルズが少なくとも懐疑論者ではなかったということである。なぜなら、前述のとおり、レノルズは肖像画を普遍性を持つある種の「歴史画」として描くことを望んでいたし、懐疑論に傾倒していたのであれば、ビーティーの功績を「歴史画」「歴史的重み」と「普遍性」をもって描き出す術をレノルズは他にも有していたはずだからである。

ルネサンスの巨匠たちの作品を激賞しながら「美の主観性」を認めるレノルズの美学講話の内容と、《真理の勝利》に描かれた同時代の思想的対立の構図は、レノルズがその抑制された、理性に縛られた創作姿勢のゆえにブレイクに批判されながらも、自らが生きた一八世紀イギリスの時代精神との、ブレイクに劣らず複雑な関係のなかで創作した画家であったことを示している。

## 2　教訓画に描かれた社会と時代精神

### 一八世紀前半のイギリス社会とホガースの当世風道徳的主題

肖像画に普遍性を付加するために人間の喜怒哀楽や、激しい感情表現を描写することを嫌ったレノルズは、イギリス美術史上最初の「国民的画家」と称されるウィリアム・ホガースの社会観察的作品を芸術として認めることができなかった。レノルズによれば、ホガースは「卑俗な精神が表わす情念の種々相を的確に」描いた画家であり、そのような「『低俗かつ限られた主題』だけに鉛筆を使用するものは、断じて『普遍かつ最高の芸術理念と競い合う』ことはできない」(ペヴスナー〔10〕四三頁)(一部、筆者訳による)のであった。

しかし実際のところ、ホガースがイギリス美術の発展史に占めた位置は、レノルズのそれ以上に重要であったし、ホガースの登場はイギリス美術史上のある重要な転換期とされている。それまでハンス・ホルバイン(Hans Holbein, c.1497-1543)やアントニウス・ファン・ダイク(Anthony Van Dyck, 1599-1641)といった外国出身の画家に創作活動の場を提供することで西洋美術の発展史に一定の貢献を果たしてきたイギリスは、一八世紀イギリスのありのままの社会、市民生活、時代の風潮と精神を率直に反映した作品を描くホガースの登場によってはじめて自前の美術をもつことになったからである。

ホガースは、一六九七年、ロンドンのスミスフィールド界隈に教師の子として生まれた。彼ははじめ銀細工師の弟子となり、その後彫版師となった。さらに画家となる志を持ち、その才能は一七二〇年代の後半に開花することになった。ホガースは、フランスのロココ美術から影響を受けつつ、当時の風俗を鋭い風刺精神で絵画や銅版画に描いたが、その画家としての最大の強みは、庶民の日常生活に画題を見出した点と、作品を彫版にすることで広く一般大衆の間に流通させた点にあった。

ホガースの代表的作品群に、一八世紀の当世風道徳的主題を扱った「教訓画」と呼ばれる一連の作品群がある。それらは同時代の社会に潜む諸問題をつつみ隠さず暴きだし、強調することで、世情人心を改良しようとする意思に基づいた作品であった。そして画家が自らの社会観察的視点をカンバス上に描き出そうと試みたとき、そしてとりわけ画家本人が自分の生きた社会の精神的困窮状態の改善に積極的に関わろうとしたとき、その芸術的創作行為と時代精神の結びつきが最も明確に確認されたのは至極当然のことであった。

ホガースの社会観察的傾向が顕著に認められる作品の一例に、計一二場面から成る連作《勤勉と怠惰》（*Industry and Idleness*, 1747）がある。この作品は一八世紀中葉のイギリスに実際に生きた人々が自分たちの身のまわりに日常的に見出し得たであろう都市生活の風景を織り交ぜながら、勤勉な人間と怠惰な人間の対照的な人生模様を対比的に描いたものである。勤勉な人間がその真面目な仕事ぶりや性格を評価され幸福を獲得していくのに対して、怠惰な人間は不真面目な生活態度のゆえに転落の人生を歩むという絵物語である。

　第一場面で、まずこの連作の主人公である二人の青年の対照的な性格と人生態度が紹介される。二人は同じ絹織り工の下で働く徒弟の身分にあるが、勤勉な青年は隠し立てのない素直な表情で描かれ、一方怠惰な青年は不機嫌で眠ってしまっているように見える。仕事にまったく身の入らない彼の足元に投げ棄てられた小冊子は、絹織り機のマニュアルと思われるが、勤勉な徒弟のものとは異なり、乱雑に扱われている。その様子は彼自身の人生態度を象徴しているかのようである。第二場面（図版5）には、勤勉な青年が雇い主の娘と同じ会衆席で礼拝に出席している様子が描かれ、二人が親公認の交際関係にあることが暗示されている。日曜日の朝に、礼拝に出席している姿は、彼が勤勉であること

図版5　ホガース《勤勉と怠惰》第二場面（1747年）

図版6　ホガース《勤勉と怠惰》第三場面（1747年）

を最も率直に象徴する設定として描写されているのである。

一方、第三場面（図版6）では、教会の外で賭博行為に興じている怠惰な青年が描かれている。勤勉な青年がキリスト者としてあるべき真面目な生活をしているそのとき、怠惰な青年は礼拝に出席することもなく、教会の敷地内で遊び惚けている。賭博に興じている男たちの背後には、礼拝に出席したいにもかかわらず教会堂に入れずにいる人々の後姿が描かれ、他人の墓石の上で賭博に興じている怠惰な青年たちの悪行をより一層際立たせている。

「勤勉であること」と「怠惰であること」が、二人の人生模様を如何に対照的なものとしてしまうか、第四場面以降、絵物語は急展開をみせる。第四、第六、第八、第一二の各場面には勤勉な青年の人生が、第五、第七、第九、第一〇、第一一の各場面には怠惰な青年の人生が描かれ、二人の境遇がほぼ同時併行的に提示されている。

第四場面では、勤勉な青年がその思慮深く着実な働きから工場経営者の信頼を得るようになり、帳簿の管理も任されるようになった様子が描写されている。彼の手に握られた鍵は、帳簿が保管された棚のものであり、それは彼に対する工場経営者の信頼の証しである。親しげに彼の肩に寄りかかる工場経営者の姿勢は、勤勉な徒弟が頼りにされていることを暗示する。彼ら二人の前に置かれた手袋がまるで握手をしたままの状態で脱がれている様子も、二人の揺るがない絆を象徴している。そんな堅い信頼を構築した二人が共同経営者となったことを、第六場面は描き出している。勤勉な徒弟は、かねてより交際していた工場経営者の娘と結婚し、義理の息子として工場の共同経営者となったのである。画面の後方に描かれた看板には、新社名"GOODCHILD & WEST"（良い息子とウェスト氏）が掲げられている。共同経営者となった嘗ての勤勉な徒弟は、なおもその真面目な仕事ぶりと人生態度から、経営者としても成功し、第八場面ではロンドン市の要職に就任し、第一二場面では遂にロンドン市長にまで上り詰める。

一方、怠惰な青年の人生模様は、徹底的に不幸なものとして描き出される。そうすることで勤勉であることの意味をホガースは、同時代の庶民に対してなかば脅迫じみたかたちで説いたのである。第五場面では、怠惰な青年がそれまでの不真面目な生活態度と悪い仲間たちとの交わりに決別し、心機一転、船乗りとなって人生をやり直そうとしたものの、実際には、船に乗り込む前にやる気がうせてしまった様子が描かれている。先輩船員の教えにまったく関心を示さない彼の脇には、涙にくれる年老いた母親の姿が描かれ、画面をより一層悲惨なものにしている。第七場面では、船乗りになることに挫折した怠惰な青年が、結局は強盗と略奪を繰り返す日々を送るようになった様子が描写されている。強盗になった彼は「いつか自分も強盗の標的となるのではないか」との不安にさいなまれ、自分の部屋の扉を何重にも施錠し、小さな物音にも怯える極度に不安な生活を送っている。やがて、怠惰な青年は以前の悪友たちと再会し、嘗ての同僚である勤勉な青年がロンドン市の要職に就いたちょうどその頃、彼はついに強盗殺人に手を染めてしまう。その様子を表したのが第九場面で、彼は略奪した品々（時計一個、かぎたばこ入れ、その他の装身具）を仲間たちと分け合っている。するとそこへ巡査長が彼ら一味を逮捕するために現れる。捕らわれの身となった彼は第一〇場面では裁判を受け、結局は続く第一一場面で公開処刑されてしまう。ホガースは、怠惰な生活の先にある悲惨な日常と悲劇的な死をあえて露骨に描写することで、堅実で誠実な「勤勉さ」の意味と価値を強調したのである。しかしこうした描写は、一八世紀の人々の日には決して非現実的なものとは映らなかったはずである。というのも当時のイギリスにおける法の執行は実際にかなり残酷なものであって、その様はジョン・ハワード（John Howard, 1726-90）の著書『監獄の現状』（*The State of the Prisons*, 1777）に記述されているとおりである。

この連作には、一八世紀イギリスの社会状況や人々の生活の有り様が詳細に記録されるとともに、「発展」と「向上」を目指す啓蒙主義社会に興隆した時代精神も反映されることになった。そのひとつが「信仰」を一種の「道徳的規律」としてみなす一八世紀イギリスの時代精神である。社会における「残忍性」と「怠惰」の蔓延は、秩序や道徳的規律の必要を広く認識させるとともに、「信仰」を単なる道徳の一体系として理解する傾向を誘発した。ヨーロッパ大陸、特にフランスにおける啓蒙主義運動が「信仰」との対立関係のなかで発展したのに対し、イギリスの啓蒙主義は「穏健なキリスト教的啓蒙主義」であった。しかし、単なる道徳の一体系としてみなされるようになった「信仰」は、ただ単に「勤勉な生活を保障するもの」、あるいは「人間の持つ残忍性を抑制する力」として理解されるようになったのである。こうした傾向の下では、信仰は言わば健全な市民社会の「道徳的生活規律」のようなものとしてしかみなされなくなってしまった。こうした当時の精神傾向は、《勤勉と怠惰》では特に第二場面と第三場面にはっきりと描写されている。第二場面では、日曜日の教会での礼拝出席が勤勉な人間の私生活の象徴として描かれている。一方、第三場面では、日曜礼拝が行われている最中に教会の敷地内で賭博に興ずる姿が、怠惰な人間の私生活を象徴する様子として描写されているのである。

信仰を「道徳の一体系」としてみなす社会的傾向は、一方でイングランド国教会内には信仰停滞状態を引き起こすことになった。既述のとおりイギリスにおいては啓蒙主義思想がキリスト教会、キリスト教信仰と対立することはなかったが、啓蒙主義的信仰理解は確かに熱心な信仰態度、信仰生活とは相容れない人間本位の「道徳的生活規律としてのキリスト教信仰理解」をイギリス社会に拡大させたのである。ホガースは、こうした信仰の停滞状態を、風刺画《居眠りする会衆》(*The Sleeping Congregation*, 1728, 1736)に描いている。

**啓蒙主義の美学書『美の分析』**

ホガースは、画家としての創作活動の傍ら、自らの美学論を『美の分析』(*The Analysis of Beauty*, 1753)として著したことによっても、啓蒙主義思想最盛期のイギリス社会の時代精神と密接に関わりを持った。

ホガースはこの著作のなかで、「美を生み出すのに多様性が大きな役割を担っている」(ホガース〔12〕三六頁)と主張した。「多様性」を推奨、擁護するホガースのそうした姿勢は、『美の分析』のタイトル頁に図解されている(図版7)。ホガースはその頁に、彼が理想とした「美の線」

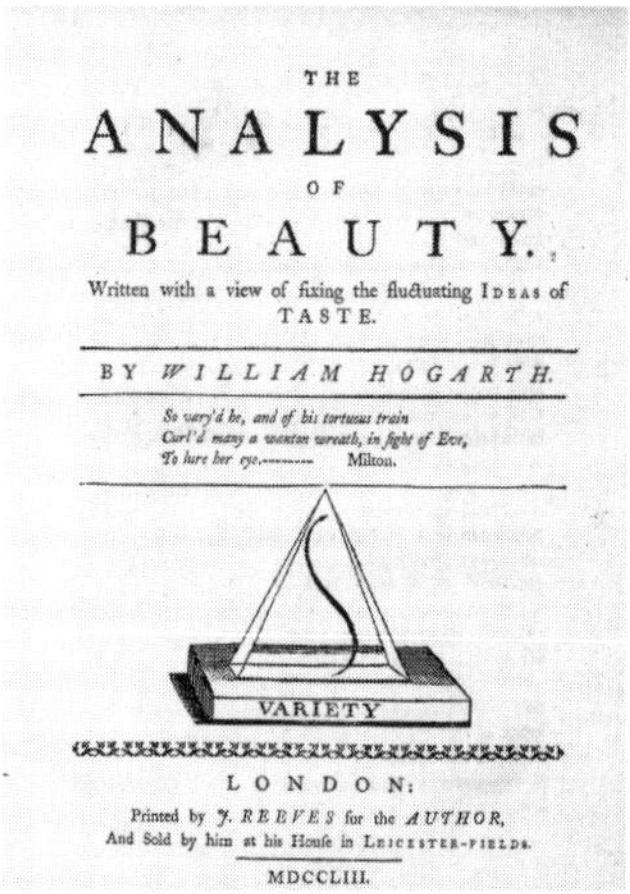
THE
ANALYSIS
OF
BEAUTY.
Written with a view of fixing the fluctuating IDEAS of TASTE.

BY WILLIAM HOGARTH.

*So vary'd he, and of his tortuous train*
*Curl'd many a wanton wreath, in sight of Eve,*
*To lure her eye.———* Milton.

VARIETY

LONDON:
Printed by J. REEVES for the AUTHOR,
And Sold by him at his House in LEICESTER-FIELDS.
MDCCLIII.

図版7　ホガース『美の分析』(1753年) タイトル頁

図版8　ホガース《彫刻師の仕事場》の中に描かれた「手を引かれ導かれている小猿」の図（1753年）

が三次元的に湾曲した状態ではめ込まれた「透明な三角錐」を描いた。そしてその台座にすべての美の源が「多様性」にあることを示すために、"VARIETY"（多様性）の文字を書き込んでいる。

一七五二年に出版されたこの著作のなかで、そして一八世紀のイギリス画壇にあって、「多様性」を強調することは、古代ギリシア・ローマの先例に美の規範を求める姿勢、すなわちまもなく一七六八年に設立されることになるロイヤル・アカデミーの基本的教育指針となる古典主義的傾向に対する反発という側面を有していた。

『美の分析』に収録された図版《彫刻師の仕事場》（*The Sculptor's Yard*, 1753）にも、ホガースのこうした主張が反映されている。画面の片隅に描かれた「手を引かれ導かれている小猿」の図（図版8）は、当時のイギリス画壇において青年芸術家たちが美術の修業のためにローマに留学させられ、古典主義の美術を学ぶことを強いられていた様子を批判的に風刺したものである。

風刺画《仮装舞踏会とオペラ》（*Masquerades and Operas*, 1724）（図版9）においても、ホガースの同様の批判的精神が存分に発揮されている。《街の悪趣味》（*The Bad Taste of the Town*）というタイトルでも知られるこの作品は、当時の有名な美術蒐集家であり、新古典主義建築の熱心な擁護者であったバーリントン卿（Richard Boyle, 3rd Earl of Burlington, 1694-1753）のロンドンの自邸を、イギリスにおける古典主義趣味の総本山として風刺したものである。この作品においてホガースは、大陸諸国で流行していた仮装舞踏会やオペラを楽しみ、軽薄な外国趣味の真似事に興じている古典主義信奉者たちを痛烈に批判した。とりわけバーリントン邸の前で屑紙を集める老婦人の姿（図版10）は、同時代の古典主義者たちに対するホガースの不信感を最も率直に表現している。彼女が集めた屑紙はシェイクスピアやドライデンをはじめとするイギリスが誇る文人たちの文学作品である。これら一級のイギリス

図版9　ホガース《仮装舞踏会とオペラ》（1724年）

図版10　ホガース《仮装舞踏会とオペラ》（1724年）部分

文学作品がゴミとして捨てられ、無造作に荷車に乗せられてしまっている様子は、バーリントン卿をはじめとする古典主義者たちにとってイギリス生粋の文化は何の意味も持たないと断じるホガースの古典主義批判を象徴しているのである。

ホガースによれば、古典主義美術の先例を理想視する古典主義趣味は、美的創造行為における「多様性」を否定するものであった。一方、「多様性」を強調する立場は、古典主義美術の先例をひたすら複製する立場の対極にある創作姿勢を意味し、日常の社会や同時代の様々な現象・事象を「自分自身の眼で観察する」ことを芸術活動の基本とする生き方を意味した。ホガースの『美の分析』が「偏見によって判断の目が濁っていない人々」（ホガース〔12〕二二頁）に対して捧げられたことも、こうしたホガースの主張と決して無関係ではなかった。

多様な現象や事物を観察する姿勢は、必然的に「多様な着想源の中から主体的に取捨選択する芸術家の自由裁量」を容認することになる。この点で、ホガースの美学的確信と創作活動は、確かに一八世紀の啓蒙主義思想の精神、「経験」と「観察」を重視する同時代の精神と結びついていたのである。

## 3　肖像画が伝える時代精神

### 肖像画家アラン・ラムジ

ホガースがイギリス最初の「国民的画家」としての名声を確立し、イギリス啓蒙主義の時代精神の下で営まれる庶民の日常生活を自分の眼で観察し描いていた頃、肖像画の分野でイギリス画壇の頂点に君臨していたのは、スコットランド生まれの画家アラン・ラムジであった。彼は画家を志してエディンバラとロンドンで学んだが、彼が本格的な絵画教育を受けたのは一七三六年から一七三八年にかけて滞在したイタリアにおいてであった。彼はイタリアでは主にローマに滞在し、とりわけローマのフランス・アカデミーで学んだ経験は彼にとって大変意義深いものであったようである。ラムジは一七三六年当時、「唯一、フランス・アカデミーにおいてのみ、若者は美術を学ぶ点で意味ある収穫を得ることができる」（Strong〔13〕p. 165）と述べている。

一七三八年にイタリアから帰国するとラムジは、ロンドンとエディンバラの二都市にスタジオを構え、ただちに当時随一の肖像画家として成功した。そんなラムジがロンドンを離れて故郷エディンバラに戻ったのは、レノルズがイギリス画壇に肖像画家として頭角を現し始めた一七五〇年代初めのことであった。厳密にはレノルズがイタリアから帰国した一七五二年の秋には、ラムジは既にロンドンを離れ、活動の拠点をエディンバラに絞っていた。ラムジのこの決断をめぐっては、才能豊かなレノルズの帰国が何らかの影響を与えたのではないかと言われる場合もある。しかし、若いスター画家レノルズに自分の地位を明け渡してスコットランドに隠居するといった意識は、ラムジ本人にはなかったはずである。むしろ彼はスコットランド啓蒙主義の都として広くヨーロッパ全域に知られた知的文化都市に身をおくことに魅力を感じていたのではないかと思われる。事実、レノルズが帰国して以後も、ラムジの活躍は華々しかった。ラムジは生涯に四度、イタリアに滞在したが、彼の二度目のイタリア滞在は彼が活動の拠点をエディンバラに移して以後の一七五四年から一七五七年にかけてのことであった。この滞在から帰国すると、ただちに時のウェールズ皇太子（後の国王ジョージ三世）の肖像画の制作がラムジに依頼された。この仕事は、ラムジと同じスコットランド人で同い年でもあった皇太子の側近ビュート卿（John Stuart, 3rd Earl of Bute, 1713-92）の紹介によるものであった。そして完成した肖像画は、皇太子自身によって高く評価され、それから数年後、国王となったジョージ三世にレノルズの手による肖像画制作が進言された際には、国王自らが「ラムジ氏こそが私の画家である」と述べたと伝えられている。国王ジョージ三世のラムジに対する信頼は絶大なものであったらしく、新国王の戴冠の様子を描いた公式肖像画もラムジの手によっており、彼は一七六一年に国王付き画家に就任している。

## 知識人としての画家

こうした華々しい経歴からも明らかなように、ラムジは主として王侯貴族を中心としたイギリス上流階級の肖像を描いた画家であった。しかしその一方で、彼は個人的に親しかったスコットランド啓蒙主義の思想家たちの肖像画も幾つか残している。なかでも友人デイヴィッド・ヒューム（David Hume, 1711-76）を描いた《ヒュームの肖像》（*David Hume*, 1766）（図版11）は、この哲学者の風貌を今に伝える代表的な像となっている。

ラムジが描いた思想家たちの肖像は、ある時期のラムジの交友関係の記録であると同時に、当時エディンバラの知的交流がヨーロッパ大陸を含む国際的な拡がりを有して展開されていたことも示している。たとえば、当初ヒュームと親しかったルソー（Jean-Jacques Rousseau, 1712-78）が一七六六年にイギリスを訪問した際には、ヒュームによってルソーの肖像画制作がラムジに依頼されている（しかし、ヒュームとルソーの友情は、その翌年の一七六七年にはルソーの一方的な誤解によってひどく悪化してしまった）。

図版11　ラムジ《ヒュームの肖像》（1766年）

無論、啓蒙主義の哲学者や思想家たちの肖像を描いたのは、ラムジだけではなかった。ラムジの死後、やはりエディンバラ出身の画家ヘンリー・レイバーン（Sir Henry Raeburn, 1756-1823）がスコットランド啓蒙主義の思想家たちの肖像を数多く描いている。

レイバーンは、その作風においてレノルズから大きな影響を受けた画家であった。彼にローマで絵画を学ぶことを勧めたのもレノルズであったと言われている。レイバーンは一七八七年にエディンバラへ戻ると、以後、一八世紀末から一九世紀初頭にかけてエディンバラの著名人、主としてスコットランド啓蒙主義の思想家や実践家たちの肖像画を数多く制作した。

さてここで注目したいことは、ラムジやレイバーンが描いたスコットランド啓蒙主義の思想家たちの肖像と啓蒙主義思想最盛期の時代精神との関係である。

ラムジがロンドンを離れて故郷エディンバラに戻った頃、スコットランドの知識階級の間では、多種多様なソサエティーやクラブの結成が流行していた。それらはスコットランド啓蒙主義の思想家たちの間での様々な分野の問題をめぐる活発な議論の場になっていた。

小説家トバヤス・ジョージ・スモレット（Tobias George Smollett, 1721-71）の書簡体小説『ハンフリー・クリンカーの大旅行』（*The Expedition of Humphry Clinker*, 1771）には、当時のエディンバラの様子が登場人物の言葉として次のように表現されている。

> エディンバラは天才の温床です。私は、幸運にも、二人のヒューム、ロバートソン、スミス、ウォーレス、ブレア、ファーガソン、ウィルキー、そしてその他の多くの第一級の著作家たちと知り合うことができました。（Smollett〔14〕p. 233）

この記述は、イギリスの各地を旅して巡っていた主人公の一行がエディンバラに滞在した際の経験として書かれたものであるが、実際のところスコットランド啓蒙主義下のエディンバラで華やいだ知的文化は、広く諸地域、諸外国からの訪問者にも開かれた親しみやすいものであった。『ジョン・グレゴリー、ヘンリー・ホーム、デイヴィッド・ヒューム、アダム・スミスの文学的生涯と個性的な生涯』(*Literary and Characteristical Lives of John Gregory, Henry Home, David Hume, and Adam Smith*, 1800) の著者ウィリアム・スメリー (William Smellie, 1740-95) も、当時のエディンバラに集まっていた博識な思想家たちに関連して、以下のように記している。

最も賢明で親しみ易いイングランド人紳士である国王付き薬剤師アムヤット氏は、ここ一、二年エディンバラに住んでいました。彼はある日、好奇心をそそられる話で私を驚かせたのです。彼はこんなにも並外れた、こんなにも素晴らしい恩恵に与ることのできる都市はヨーロッパにはエディンバラ以外にはないと語りました。私はその恩恵とは何のことですか、と彼に尋ねました。この問いに彼はこう答えました。私はエディンバラのマーケット・クロスに立てば、数分のうちに非凡な才能と学識の持ち主を五〇人、実際に集めることができます。この事実は広く知られています。しかし、常日頃からこうした状態に慣れ親しみ、他の国々へ旅行したことのない地元の人々は、きわめて特筆すべきことであるにもかかわらず、その恩恵に気付かずにいるのです。しかしながら訪問者にとっては、それは深遠な印象を残します。(近藤〔8〕六八頁)

スメリーはさらに、エディンバラでは哲学者や思想家と接することが如何に容易であったかということについても、他のヨーロッパの諸都市と比較しながら、次のように記している。

ロンドン、パリ、そして他のヨーロッパの大都市にも多くの学識ある人々がいますが、彼らに実際に接することは難しいのです。そして実際に知り合うことができたとしても、彼らとの会話はかなりの間、用心深くぎこちないものになります。エディンバラでは多才な人々と接することが容易であるのみならず、彼らの会話と学識はただちに最大限の寛容さをともなって知的な訪問者に伝えられます。スコットランドの哲学者たちには隠し事がありません。彼らは知っていることを語り、自らの感情を隠すことなく惜しみなく率直に表明します。こうした寛大さは、ヒューム氏の性格に顕著です。彼は決して人を侮辱したりはしません。ただし会話が道徳や宗教など特定の主題に及ぶと、彼は自らの偽りのない感情を自由に力強く、尊厳を持って表明するのです。(近藤〔8〕六八―六九頁)

スモレットがスコットランド啓蒙主義の「天才」として挙げた名前のリストに、もうひとりの人物の名前を加えるとすれば、それはアラン・ラムジであろう。というのも訪問者に深遠な印象を与えた当時のエディンバラの知的人脈の中枢にいた人物こそが画家ラムジだったからである。彼は、スコットランド啓蒙主義の知識人たちの「顔」を「友人」として、また「知的な議論を楽しむ仲間」として描いた。

一七五〇年代のはじめに故郷エディンバラに活動の拠点を移したラムジは、一七五四年、彼にとっての二度目のイタリア滞在に旅立った年に、セレクト・ソサエティーという名の組織を設立した。それはまさにスコットランド啓蒙主義社会のミニチュア版のような集会組織であった。セレクト・ソサエティーは当時のエディンバラを代表する知的交流、議論の場として社会的機能を持つようになり、その会合にはレノルズの《真理の勝利》のなかで打ちのめされている無神論者、懐疑論者たちはもとより、スコットランド長老教会の聖職者を含む、スコットランド啓蒙主義の指導的立場にあった人々が多数参加した。具体的にはヒュームをはじめ、法律家で哲学者であったケイムズ卿（Henry Home, Lord Kames, 1696-1782）、エディンバラ大学学長を務めた歴史家でスコットランド長老教会の牧師であったウィリアム・ロバートソン（William Robertson, 1721-93）、経済学者で哲学者であったアダム・スミス（Adam Smith, 1723-90）、牧師でエディンバラ大学の神学・道徳哲学教授を務めたアダム・ファーガソン（Adam Ferguson, 1723-1816）といった顔ぶれが集まった。

これらのスコットランド啓蒙主義の思想家たちの間では、芸術的、創造的行為は知的行為と確かに結びついて認識されていた。「美」や「趣味」、「批評」をめぐる諸問題に啓蒙主義の思想家たちの多くが関心を示し、各種の会合においてしばしば建築や都市のデザインに関する議論がなされた。そして芸術全般に関するスコットランド啓蒙主義の関心は、多くの著作を生み出したのである。アダム・スミスは「模倣芸術と呼ばれる芸術分野において実践される模倣の性質について」（“Of the nature of that imitation which takes place in what are called the imitative arts”）のなかで彼の芸術論を展開した。ケイムズ卿も『批評の原理』（*Elements of Criticism*, 1762）を著し、この著作はディドロ（Denis Diderot, 1713-84）によって、エドムンド・バーク（Edmund Burke, 1729-97）の『崇高と美の観念の起源』（*A Philosophical Philosophical Inquiry into the Origin of Our Ideas of the Sublime and the Beautiful*, 1757）を「凌駕している」、「美的印象を強く正しく感じ、これに注目する本源的な能力が現れている」、「稀に見る文学作品の博渉と、同時にまた当時のスコットランド心理学のもっていた様々の手段の練達の駆使とによって光彩陸離としている」（ディルタイ〔15〕三六頁）と高く評価された。そしてラムジの友人ヒュームは、試論「趣味の基準について」を記して、一七世紀の理性主義哲学を基本とした古典主義美学を批判するとともに、新たな美学理論、すなわち一八世紀的な経験主義美学を確立したのだった（坂本〔16〕五四頁）。当のラムジはというと、絵画表現の研究に熱心で、スコットランド啓蒙主義下に興隆した知的探求への情熱を実践したと言われている。彼は、一七七〇年代初頭に絵画活動の第一線から隠退してからは執筆活動に専念したことが知られている。

ラムジが、そしてその次世代に属するレイバーンが描いた知識人たちの肖像は、「知の時代」が到来した一八世紀のイギリス社会における知識階級と芸術家の交流を、あるいは知的探求と芸術的創作意欲の接点を、さらには啓蒙主義という強大な時代精神と絵画芸術の接近を、今日に伝えていると言える。

美学的主題をめぐる論議も活発に繰り広げられた知的交流の機会が、画家であるラムジによって設立されたという事実そのものにも、芸術創造行為を人間の知的営みの一部として認識した当時の思考の、さらには政治、法律、医学、芸術、建築といった多彩な分野の違いを超えて総合的に展開した啓蒙主義の精神の働きを読み取ることができよう。加えて、画家ラムジを中心とした知的交友関係の形成は、画家ホガースが啓蒙主義の美学書『美の分析』を記したという事実とともに、一八世紀のイギリス社会において「知識階級」への仲間入りを果たした「芸術家」という職能の有り様をも象徴していて興味深い。

## 結び

ブレイクの「内面世界」の描写、ターナーやコンスタブルの風景画、ホガースの社会観察的諸作品、そしてレノルズやラムジの肖像画——これら多彩な芸術創作行為の成果は、いずれもそれらが生み出された時代の精神を、そしてその時代精神の下で営まれた人々の生活や態度を何かしらの形で反映している。

美術評論家ハーバート・リード（Herbert Read, 1893-1968）は著書『芸術の意味』（*The Meaning of Art*, 1949）のなかで、「芸術は人間の精神的なヴィジョンの直接の尺度である」（リード〔17〕一八八頁）としたうえで、「芸術家と共同社会との深い相互関係を否定する人はいないだろう。芸術家は共同社会に依存する――調子、テンポ、激しさなど、いずれも自分の属している社会から求められる」（リード〔17〕一八八頁）と述べている。美に関するあらゆる趣味や判断は、その地域・土地の人間社会がある特定の時代に形成する時代精神の影響から完全に自由であることは不可能なのである。この点については、ヒュームも次のように記している。

……趣味の基準を定め、人々の間の評価の不一致を調停しようとする我々の努力にもかかわらず、依然としてまだ意見が分かれる二つの原因がある。それは、美醜の境界すべてを実際に混同してしまうほどではないが、我々の称賛や批難の度合をしばしばつくり出しているものである。原因のひとつは、個々の人間の気質のちがいであり、もうひとつは、時代と土地の特殊な風習や意見である。（ヒューム〔18〕一七九頁）

ここでヒュームの言う「時代」の「特殊な風習や意見」とは、時代精神のことに他ならない。そしてこの時代精神が鑑賞者の美的判断に作用することによって、鑑賞者の眼前の芸術作品に関する感じ方、「称賛」や「批難」の度合に変化が生み出されるのである。時代を超えて一貫して「称賛」の対象であり続けてきた芸術作品も、異なる時代精神の下では、その「称賛」の度合に相違が起こり得る。

絵画芸術と時代精神の結びつき方も、実に多様である。絵画作品を描く画家の美的判断や着想に時代精神が作用している場合もあれば、画家が生み出した作品に対する社会的評価の有り様に時代精神が影響を及ぼす——時代精神の作用によって特定の作品が高く評価されたり、逆にほとんど評価されなかったりする——こともある。また、ある時代精神の下で新たに発見された事物、現象が、画家によって画題として選択される場合もあれば、それまで社会に長い間存在し続けていた事象で時代精神の変遷過程で新たに人々の注目を集めるに至ったものが画題として選択される場合もある。

画家の創作活動に時代精神が与える影響もまた多様である。画家は、創作活動を展開するとき、自分の生きる時代の精神——時代精神——を、あるときは率直に、またあるときは暗示的に、あるときは意識的に、そしてあるときは無意識的に反映する。ただしいずれの場合も確かなことは、いかなる芸術も、それが創作された時代の時代精神と、その精神に基づいて形成された人間の態度との結びつきを完全に絶っては存在し得ないということである。本稿冒頭で注目したギーディオンは言う。

絵画、発明、そしてあらゆる問題は、ある特定の（人間の）態度を基礎に持っており、この態度なくしては、それらはそもそも生み出されなかったと言ってよい。（ギーディオン〔2〕四頁）

そしてこのことのゆえに、「芸術は、ある種の現象を理解する場合、もっとも確実な手がかりとして有効」（ギーディオン〔2〕六頁）なのである。

### 参照文献

〔1〕ジークフリート・ギーディオン（太田實訳）『空間・時間・建築』（丸善、一九五五年）
〔2〕ジークフリート・ギーディオン（榮久庵祥二訳）『機械化の文化史―ものいわぬものの歴史』（鹿島出版会、二〇〇八年）
〔3〕デヴィッド・ワトキン（榎本弘之訳）『モラリティと建築』（鹿島出版会、一九八一年）
〔4〕ニコラウス・ペヴスナー（鈴木博之、鈴木杜幾子訳）『美術・建築・デザインの研究Ⅰ』（鹿島出版会、一九九二年）
〔5〕ジョン・ウォーカー（榮久庵祥二訳）『デザイン史とは何か―モノ文化の構造と生成』（技報堂出版、一九九八年）
〔6〕サイモン・ウイルソン（多田稔訳）『イギリス美術史』（岩崎美術社、二〇〇一年）
〔7〕アンソニー・ブラント（岡崎康一訳）『ウィリアム・ブレイクの芸術』（晶文社、一九八二年）
〔8〕近藤存志『時代精神と建築―近・現代イギリスにおける様式思想の展開』（知泉書館、二〇〇七年）
〔9〕鈴木雅之『幻想の詩学―ウィリアム・ブレイク研究』（あぽろん社、一九九四年）
〔10〕ニコラウス・ペヴスナー（友部直、蛭川久康訳）『英国美術の英国性―絵画と建築にみる文化の

特質』（岩崎美術社、一九九二年）
〔11〕ジョン・ハワード（川北稔、森本真美訳）『十八世紀ヨーロッパ監獄事情』（岩波書店、一九九四年）
〔12〕ウィリアム・ホガース（宮崎直子訳）『美の解析―変遷する「趣味」の理念を定義する試論』（中央公論美術出版、二〇〇七年）
〔13〕Roy Strong, *The British Portrait: 1660-1960*, Antique Collectors' Club, 1996.
〔14〕Tobias Smollett, *The Expedition of Humphry Clinker*, Oxford University Press, 1998.
〔15〕ウィルヘルム・ディルタイ（澤柳大五郎訳）『近代美学史―近代美学の三期と現代美学の課題』（岩波書店、一九九五年）
〔16〕坂本達哉『ヒュームの文明社会―勤労・知識・自由』（創文社、一九九五年）
〔17〕ハーバート・リード（滝口修造訳）『芸術の意味』（みすず書房、一九九二年）
〔18〕デイヴィッド・ヒューム（浜下昌宏訳）「趣味の基準について」『現代思想』（一九八八年九月）一六八―一八五頁。

# フィルム・ノワール
## ——ペシミズム《厭世主義》とシニシズム《冷笑主義》の所在——

福永保代

### フィルム・ノワールの人生観

一九四〇年代のスクリーンを特徴づけるフィルム・ノワールの物語空間には、ペシミズム《厭世主義》やシニシズム《冷笑主義》といった暗い人生観が色濃く漂っている。一九三〇年代のロマンティック・コメディでハワード・ホークス（Howard Hawks 1896-1977）やフランク・キャプラ（Frank Capra 1897-1991）が描いた男女の信頼とパートナーシップ[*1]は消え失せ、不信を懐きながらお互いを利用するだけの関係に陥った。西部劇でジョン・ウェイン（John Wayne 1907-79）がみせたヒーローの強さと優しさは過去のものとなり、男は女を殴った。

スタジオシステムの時代[*2]であったにもかかわらず、女優たちの役柄は大きく変化していた。『紅塵』（*Red Dust*, 1932）や『孔雀夫人』（*Dodsworth*, 1936）など貞淑な女性役を得意としたメアリー・

アスター（Mary Astor 1906-87）がフィルム・ノワール『マルタの鷹』（*The Maltese Falcon*, 1941）で演じたのは、溢れるばかりのセクシュアリティで次々と男を魅了しては財宝争奪のために利用する極悪非道のヒロインだった。また、『ステラ・ダラス』（*Stella Dallas*, 1937）における母としての献身と自己犠牲で観客の涙を誘ったバーバラ・スタンウィック（Barbara Stanwyck 1907-90）がフィルム・ノワール『深夜の告白』（*Double Indemnity*, 1944）で演じたヒロインは、先妻を殺してやっと手に入れた結婚生活にも満足できず、保険金目当てに愛人と共謀して夫を殺害する。

残酷で破壊的なヒロインは、支配していたはずの男の手によって冷酷非情に制裁され、破滅する結末を迎えることになるが、ハリウッド映画としては特異ともいえるこのような暗さはどこから生じるのだろうか。本稿では映画史の側面からフィルム・ノワールにおけるペシミズム《厭世主義》とシニシズム《冷笑主義》の所在について考えてみたい。

## フィルム・ノワール作品

フィルム・ノワール[*3]は一九四〇〜五〇年代に二五〇本以上製作された[*4]陰鬱な雰囲気の犯罪ロマンスである。『マルタの鷹』に始まり『深夜の告白』、『郵便配達は二度ベルを鳴らす』（*The Postman Always Rings Twice*, 1946）、『サンセット大通り』（*Sunset Boulevard*, 1950）を経て『黒い罠』（*Touch of Evil*, 1958）に至る作品群に共通するテーマと手法は、ネオ・ノワール[*5]と呼ばれる『チャイナタウン』（*Chinatown*, 1974）、『パルプ・フィクション』（*Pulp Fiction*, 1994）、『L・A・コンフィデンシャル』（*L.A. Confidential*, 1997）として、或いは、フューチャー・ノワール[*6]『ブレードランナー』（*Blade Runner*, 1982）、『12モンキーズ』（*Twelve Monkeys*,1995）、『マイノリティ・リポート』（*Minority Report*, 2002）として今日に至る。

## フィルム・ノワールの成立事情

フィルム・ノワールはフランス語で「ブラック・フィルム」すなわち「暗黒映画」を意味するが、ハリウッド製の映画でありながら外国語呼称が用いられるのは、どのような理由に因るのだろう。

第二次世界大戦が終結し、ナチスによる統治が終了していた一九四六年夏のパリで『マルタの鷹』、『深夜の告白』、『ローラ殺人事件』（*Laura*, 1944）、『ブロンドの殺人者』（*Murder, My Sweet*, 1944）、『失われた週末』（*The Lost Weekend*, 1945）の五作品が公開されると、それまでのハリウッド犯罪映画には無い独特な雰囲気やスタイルが注目された。

映画批評家ニーノ・フランクはこれらの作品についての最大公約数的な共通点として、第一に入り組んだ物語構造であること、第二に無情で残酷な雰囲気があること、第三にミソジニー《女嫌い》が目立つこと、第四に登場人物が自ら物語を進めるのではなく運命に突き動かされる操人形のような存在であること、第五に一人称の語りによって断片的な物語が集約されること、第六に運命論を印象づけるフラッシュバックの手法、を挙げている。さらに、ジョン・ヒューストン（John Huston 1906-87）やビリー・ワイルダー（Billy Wilder 1906-2002）など新世代の映画作家たちが、ジョン・フォード（John Ford 1894-1973）やフランク・キャプラといった旧世代が描いたセンチメンタルな人間性を拒絶していることに意義を見出し、これらの犯罪物語が既存の暴力による死という解決ではなく犯罪心理に重点を置いていること、そのために「犯罪冒険物語」或いは「フィルム・ノワール」と呼ぶべき作品になっていると指摘する。[*7]

ニーノ・フランクの論考から二ヵ月後、映画批評家ジャン＝ピエール・シャルティエがカイエ・デュ・シネマの前身となる映画雑誌に「アメリカにもフィルム・ノワールがある」[*8]と書いたこともあって「フィルム・ノワール」という言葉が次第に定着する。これは既に出版され、人気となっていたパルプ小説のシリーズ「ロマン・ノワール」や「セリエ・ノワール」にちなんだ呼称でもあった。

『マルタの鷹』をはじめとする五作品は本国のアメリカでもアカデミー賞受賞あるいはノミネートなど高い評価を得ていたが、批評家は漠然とした共通性を見出してはいたものの、フランス批評界における「フィルム・ノワール」のように新しいカテゴリーとしての名称を与えるには至らなかった。例えば『深夜の告白』が公開された当時、ニューヨーカー紙のコメントは単に「殺人メロドラマ」[*9]であり、ロサンゼルスタイムズ紙は「知的犯罪」[*10]であることから、新たな発見を感じさせるものではない。

製作者の側にも新たなカテゴリーとしての意識が無かったようだ。『深夜の告白』を脚色・監督したビリー・ワイルダーが『マルタの鷹』との関連性を明確に否定しているからだ。[*11] 言い換えれば、これらの作品群はそれと意識されない何らかの歴史的必然によって、共通するテーマと映画手法を用いることになったのだ。

その後、逆輸入されるかたちでハリウッドに戻ったフランス語呼称「フィルム・ノワール」は「ブラック・フィルム」と英訳されることはなかった。フランスでは映画を商業用娯楽にとどまらない芸術として捉える風潮があることから、オリジナル呼称「フィルム・ノワール」を用いることにより独特の芸術性を保持しようとする思惑が作用したと考えられる。

## ギャング映画との違い

フィルム・ノワールは犯罪がテーマであることから、三〇年代に人気のあったギャング映画の延長線上に位置づけることも可能である。最初のギャング映画[*12]はサイレント映画の時代にまで遡るが、ギャング映画の魅力である緊張感や切迫感を際立たせるためには、タイヤのきしむ音、マシンガンの銃声、都会人特有の早口といった音声効果が欠かせない。一九三〇年代初期に『犯罪王リコ』（*Little Caesar*, 1931）、『民衆の敵』（*The Public Enemy*, 1931）、『暗黒街の顔役』（*Scarface*, 1932）

をはじめとするギャング映画が集中的に製作されたのは、一九二七年以降のトーキー映画技術[*13]に依るものであった。

一九二〇年から施行されていた禁酒法[*14]や一九二九年一〇月の株価大暴落に始まる世界恐慌といった時代背景もギャング映画のヒットを支えた。不況に苦しむ大衆にとって、社会の底辺から身を起こして成功をおさめるギャングたちの姿は、子どもの頃から慣れ親しんだホレイショ・アルジャー（Horatio Alger, Jr. 1832-99）[*15]の物語に登場する「ボロ着から富へ」と出世をとげる主人公に重なるものであり、自由と進取の精神に富むアメリカン・ドリームの実現とも映ったのだ。

しかし、アル・カポネ（Al Capone 1899-1947）やバグジー・シーゲル（Bugsy Siegel 1906-47）といった実在の犯罪者が主人公のモデルとなることもあったため、彼らを英雄視する風潮を好ましくないと判断する宗教団体が盛んにロビー活動を行った結果、製作本数が激減することになる。一九三〇年に採用され、一九三四年に強化された映画製作倫理規定いわゆるヘイズ・コード[*16]のターゲットとされたのである。それゆえ『民衆の敵』の冒頭には、ワーナー・ブラザーズ社が製作会社として「本編はギャングや犯罪者を賞賛するものではない[*17]」との字幕を挿入しなければならなかった。

映画批評家ウォーショウが「われわれは身代わりとしてギャングのサディズムに参加し、そのサディズムが今度はギャング自身に向けられるのを見ることにより、二重に満足するのである[*18]」と述べるとおり、ギャング映画では、主人公の立身だけでなく転落までが描かれる。例えば『民衆の敵』の結末では、犯した罪の報いとして殺害された主人公の死体が実家の戸口に遺棄されることにより「暴力による成功ゆえの暴力による死」という完結性が与えられているのだ。

フィルム・ノワールとギャング映画の違いはまさにこの点にある。ギャング映画の世界では善と悪が明確に区別されているのだ。颯爽とスクリーンに現れた主人公がどれほど愛すべき人物として描かれ、その成功にどれほど拍手がおくられようとも、暴力的で不道徳な行いは最終的には制裁を受けることになる、という暗黙の了解のもとに悲劇的結末が必然的帰結として置かれている。だからこそ、映画の終わりに観客は秩序の回復を実感し、厳しい現実を生きる自己を肯定することができるのである。

ところが、フィルム・ノワールには善と悪の境界が見えない。その物語空間には『上海から来た女』（*The Lady from Shanghai*, 1947）のヒロインが息苦しそうに「すべてが悪だわ、マイケル。すべてよ。逃げることも逆らうこともできない」（"Everythin's bad, Michael. Everything. You can't escape it or fight it."[*19]）と言うほど悪が充満しており、『マルタの鷹』のヒロインが「どれが嘘でどれが真実なのか判からなくなってしまった」（"Not knowing what is a lie and what's the truth."[*20]）と告白するように真偽の区別が曖昧になっている。そこで善が善であり続けることは極めて困難であり、隙間なく悪に取り囲まれた善には、いつの間にか浸透するようにして悪が入り込んでしまうために、悪の所在を特定して駆逐することは不可能となる。言い換えれば、悪を駆逐しようとすれば善をも失うことになるのだ。

## ドイツ表現主義の影響

フィルム・ノワールがヨーロッパの知に負うところは、その発生や起源だけではない。フィルム・ノワールの世界を特徴づけるのは、人間に対する不信と悪意に満ちた空間に閉じ込められた息苦しさであり、ペシミズム《厭世主義》やシニシズム《冷笑主義》であるが、これらをスクリーンに描き出す映画手法としてドイツ表現主義の影響が指摘されている。

ドイツ表現主義は一九一九年から三二年までのドイツ映画における運動である。第一次世界大戦で敗戦を経験したドイツでは、伝統的な価値観に対する反発や懐疑心が芽生えており、当時のヨーロッパで盛んだった印象派が事物の外面的な特徴を描写したのに対して、混沌とした社会における人々の不安・恐怖・葛藤といった内面の強い感情を抽象的表象として提示しようとした。

**資料1**（次頁）はロベルト・ヴィーネ（Robert Wiene 1873-1938）監督による『カリガリ博士』（*The Cabinet of Dr. Caligari/Das Kabinett des Doktor Caligari*, 1919）の殺人鬼が次の犯罪現場へ向かう場面である。映画手法の特徴としては、リアリズムを避けるためにスタジオ内で撮影されていること、人工的な景観を作り出すセット、様式化された演技、光と影の強いコントラストを表現する照明技術、が挙げられる。明暗を際立たせるために壁などの背景までもが白と黒に塗り分けられ、不気味な影法師を効果的に演出する目的で俳優はタイトな衣装に身を包んでいる。強い光によっ

資料1

て作られた影は、心の奥底に隠された悪の顕在化であるが、同一人物のなかに「善と悪」「狂気と正気」が混在することを表現するために、メークアップにも工夫が凝らされている。顔を白塗りにして下まぶたを大きく隈取ることによって光と影に引き裂かれた不安定な人格であることが暗示されるのである。

　複雑な物語展開もドイツ表現主義映画の特徴とされる。『カリガリ博士』は登場人物の回想を軸とする物語だが、それまでの映画に見られたような直線的に結末へと進行するものではない。殺人鬼を操っていた真犯人が狂気の病院長であったことが判明した次の瞬間に、じつは語り手こそが狂人であり、全ては彼の妄想であったという、どんでん返しの結末が待っている。物語の複雑さのみならず、ナレーションの裏切りという手法によって善悪が表裏一体であること、人間性に対する不信と懐疑ばかりでなく恐怖までもが色濃く示されるのだ。

　ドイツ表現主義映画の手法はフィルム・ノワールにどのような影響を及ぼしているのだろうか。

**資料2**は『マルタの鷹』のヒロインであるブリジッドが初めて主人公の探偵事務所を訪れたとき

の映像である。帽子とヴェールが美しい顔に影を落とし、真実を語るはずの瞳に翳りが見える。ニューヨーク出身で両親は長期の海外旅行中だという彼女は、毛皮のショールに端正なスーツ姿でいかにも良家の子女といった雰囲気である。ぎこちない様子で事務所に入って来る様子は世間ずれしていない無垢さと誠実さを思わせるが、ハンドバッグの中には乱暴に丸められた百ドル札が無造作に放り込まれており、単なる人探しの依頼であるにもかかわらず法外な料金を支払うなど、信頼すべき人物ではないかもしれないという疑惑が顔にかかる影によって効果的に表現されている。

資料2

『マルタの鷹』の物語展開も複雑である。はじめは駆け落ちした妹を探し出すという単純な依頼であったにもかかわらず主人公の相棒が殺害され、捜査を進めるうちに連続殺人事件へと発展して、いつの間にか犯罪組織による血みどろの財宝強奪戦に巻き込まれていた、という入れ子式の構成になっている。さらにエンディングでは、相棒殺しの真犯人がじつは主人公の最も間近にいたブリジッドであったことが判明するというどんでん返しが待ち受けているのだ。

資料3

資料3は『深夜の告白』のヒロインであるフィリスが勧誘にやって来た保険セールスマンのネフから傷害保険についての詳細な説明を受けている場面である。ブラインドから差し込む強い光がつくりだす影は、彼女が金銭的にも性的にも満たされない初老の夫との不毛な結婚という檻に閉じ込められていることを暗示している。この閉塞的な空間のなかで壁に映し出された影法師は、保険金目当てに夫殺害の計画をめぐらす彼女の心の闇と殺人衝動を顕在化するものだ。

ネフの回想で綴られる『深夜の告白』の物語もやはり複雑な展開をみせる。後妻であるフィリスはネフと共謀して夫殺害に成功したものの、事故死と認定されなかったために保険金が支払われない。それどころか、保険金殺人事件として彼女に嫌疑がかけられ、調査が進むうちに前妻殺しの疑惑までもが浮上してくる。彼女は病床にあった前妻の看護師だったのである。追い詰められたフィリスは口封じのためにネフだけでなく前妻の娘までも殺害しようと企むが、彼に銃弾を浴びせたところで反対に射殺されてしまう。ここに至って、ナレーションを行っていたネフが実は瀕死の重傷を負っていたことが判明するのである。

## ユダヤ系映画作家

フィルム・ノワールにみられるドイツ表現主義の思想と手法は、第二次世界大戦時にアメリカに移住したユダヤ系映画人によって持ち込まれたものと考えられている。ヨーロッパ起源のペシ《厭世》ミズム《主義》はもとより、ナチスによる迫害のなかで彼らが経験した閉塞感と恐怖、不安と絶望、悪意と裏切りといった感情がフィルム・ノワールの世界を覆っているからだ。

フリッツ・ラング（Fritz Lang 1890-1976）はドイツの大手映画会社ウーファ[21]で『メトロポリス』（*Metropolis*, 1927）のほか、サイレントの長編犯罪映画『ドクトル・マブゼ』（*Dr. Mabuse, der Spieler*, 1922）、国民的英雄叙事詩の映画化作品『ニーベルンゲン』（*Die Nibelungen: Siegfried*, 1924）、トーキーのサスペンス映画『M』（*M*, 1931）など、当時のドイツ映画を代表する作品を残している。ナチスが台頭するに及び、実母がユダヤ教から改宗したカトリック教徒であったラングは身の危険を感じていたが、一九三三年三月二八日に宣伝大臣ゲッベルス（Paul Joseph Goebbels 1897-1945）から特別待遇をもって国民映画製作への協力を要請する旨の申し出を受けると、その日のうちに駅に向かい、フランスを経てアメリカに亡命する。[22]ハリウッドに迎えられたラングは、逃れようのない宿命感を表現するフラッシュバックの手法を定着させた『飾窓の女』（*The Woman in the*

*Window*, 1944）をはじめ、『ブルー・ガーディニア』（*The Blue Gardenia*, 1953）、『口紅殺人事件』（*While the City Sleeps*, 1956）など数多くのフィルム・ノワール作品を手がけることになる。

　ラングより若い世代のビリー・ワイルダーもオーストリア出身のユダヤ系である。ウーファで脚本家[*23]として活動していたが、ヒットラーが政権を掌握する契機となった一九三三年二月二七日のドイツ国会議事堂放火事件の最中に急ぎ荷造りをするといった慌ただしさでフランスへ亡命、その後アメリカに渡った。ウィーンに残してきた祖母と母は、その後、ユダヤ人強制収容所に送られて死亡したと伝えられる。アカデミー作品賞・監督賞・脚本賞を受賞した『アパートの鍵貸します』（*The Apartment*, 1960）のほか、『麗しのサブリナ』（*Sabrina*, 1954）、『七年目の浮気』（*The Seven Year Itch*, 1955）、『お熱いのがお好き』（*Some Like It Hot*, 1959）といったコメディで知られるワイルダーだが、最初の大ヒットは、ハリウッドでの第二作目にあたる『深夜の告白』であり、フィルム・ノワールの古典といわれる作品となった。その後、『失われた週末』でアカデミー監督賞・脚本賞、『サンセット大通り』では、アカデミー脚本賞を受賞するなど、フィルム・ノワール作品で高い評価を得ている。

　ワイルダー作品『第十七捕虜収容所』（*Stalag 17*, 1953）で冷酷な捕虜収容所長を演じたオットー・プレミンジャー（Otto Preminger 1906-86）もやはりオーストリア出身のユダヤ系であるが、一九三五年に渡米している。数年間の下積み生活の後、フィルム・ノワール『ローラ殺人事件』でアカデミー監督賞にノミネートされると、翌年には『堕ちた天使』（*Fallen Angel*, 1945）が大ヒットしてハリウッドでの地位を確かなものとした。その後も『歩道の終わる所』（*Where the Sidewalk Ends*, 1950）のほか、*Whirlpool*（1949）、*The 13th Letter*（1951）、*Angel Face*（1952）とフィルム・ノワールが続く。赤狩りによってハリウッドから追放されていた脚本家ダルトン・トランボ（Dalton Trumbo 1905-76）の名前を『栄光への脱出』（*Exodus*, 1960）のクレジットに載せるよう支援したことでも知られるが、これも彼の反骨精神の現われと考えることが出来る。

　こうしてみると、フィルム・ノワールのペシミズム《厭世主義》とシニシズム《冷笑主義》や、ドイツ表現主義の映画手法がユダヤ系映画人によって持ち込まれたことに異論を挟む余地はなさそうだが、意外なことにワイルダー本人がこれを否定している。ユダヤ人の経験ではなくアメリカの経験から生じた人生観であると断言するのだ。[*24]

　たしかに、フィルム・ノワールの嚆矢とされる『マルタの鷹』は非ユダヤ系のジョン・ヒューストンによる作品である。また、多くの研究者[*25]によってフィルム・ノワール最後の作品とされる『黒い罠』の製作・監督をつとめたオーソン・ウェルズ（Orson Welles 1915-85）も非ユダヤ系であることから、フィルム・ノワールの暗さがユダヤ性のみに帰するとも言い切れない。とすれば、ワイルダーの発言にある「アメリカの経験」とは一体どのようなものだったのか。

## 映画化作品『マルタの鷹』

ダシール・ハメット（Dashiell Hammett 1894-1961）が一九二九年九月から雑誌 *Black Mask*（1920-51）に連載していた原稿を一冊にまとめたハードボイルド探偵小説『マルタの鷹』（*The Maltese Falcon*, 1930）はこれまでに三回映画化されている。ペシミズム《厭世主義》とシニシズム《冷笑主義》に満ちたフィルム・ノワール『マルタの鷹』は第三回映画化作品であるが、同じ原作にもとづく三一年版と三六年版の内容を検討することにより、この間における「アメリカの経験」が理解されるのではないか。

資料4

第一回の映画化は *Gold Diggers of Broadway*（1929）など華麗なミュージカル作品で知られるロイ・デル・ルース（Roy Del Ruth 1893-1961）監督によるもの（資料4）で、ロマンティックなオープニングミュージックから予想されるとおり、原作のハードボイルドタッチとはかけ離れた「ロマンス」という分類[*26]に相応しい内容となっている。

主人公サムは女好きのする世渡り上手として描かれており、前年にヘイズ・コードが採用されているとはいえ、不倫や三角関係など不道徳とされる男女関係が比較的自由に描かれているのが特徴である。映画は、探偵事務所の戸口でストッキングを整える女性の足元と、彼女を見送るサムの映像から始まる。上機嫌で部屋に戻ったサムは、乱れたソファや床に散らばったクッションを片付ける。そこで何が起きていたかは一目瞭然だが、秘書は日常茶飯事のこととして驚く様子もない。相棒は妻アイヴァがサムと不倫関係にあることに気づいているが、アイヴァはサムと依頼人ルースが一夜を共にしたことを知って嫉妬に狂う。非道徳的な物語空間には、複数の三角関係が存在するのである。

女性たちの衣装は透けるような薄い生地と胸元の深いカットが特徴である。特にルースの下着姿や入浴シーンのほか、金を盗んだ嫌疑により全裸にされて調べられたことを示す着衣の乱れなど、肌の露出も映像化されている。

ホモセクシュアリティを暗示する言語表現の使用もみられる。財宝の鷹像を狙う強奪グループの男は黒幕の“boyfriend”と呼ばれ、もうひとりは“gorgeous”だと言及されているし、警官はつねに“sweetheart”“darling”“precious”と呼びかけられているのだ。

この作品で描かれるサムは、ペシミズム《厭世主義》やシニシズム《冷笑主義》とは無縁である。一度は愛し合った仲であるルースを相棒殺しの真犯人として警察に引渡したものの、非情に徹しきれないサムは、収監された彼女を訪ねる。この事件によってサムが出世したことを知った彼女が皮肉を込めて「報酬は期待してなかったわよね」（"I assure you it was a labor of love."[*27]）と故意に"love"という言葉を使うと、後ろめたさを感じた彼は「愛か？」（"Love?"）と呟き、看守に特別待遇を頼み込んで立ち去るといった人情味を垣間見せるのだ。

資料5

一九三〇年代初頭のギャング映画人気を押さえ込むようにして一九三四年にヘイズ・コードが強化されると、検閲を通過する内容でありながら観客のニーズに応えられる作品をつくるために、さまざまな工夫が必要になった。このような状況のもとでワーナー・ブラザーズ社は、三一年版が或る程度の成功をおさめていたこと、ハメットから買い取った映画化権が有効であったことにより『マルタの鷹』の再映画化を決定する。

ウィリアム・ディターレ監督（William Dieterle, 1893-1972）による第二回映画化作品（資料5）は、華やかなオープニングミュージックで始まる*Satan Met a Lady*（1936）である。題名の"Satan"は、原作のサム・スペードが「なんとなく愉快なブロンドのサタン《悪魔》といった感じ」[*28]だと描写されていることに由来する。主人公の名前はテッド・シェーン探偵と変更されているが、演じるウォーレン・ウィリアム（Warren William 1894-1948）は原作どおり「大柄で薄茶色の髪」「骨ばった長い顎に鷲鼻」の風貌である。財宝の強奪戦や殺人事件など物語の枠組みは生かされているものの、財宝は鷹像ではなく金管楽器フレンチホルンに変えられているなど、オリジナルといえるほど自由な脚色が施された結果として、「コメディ」に分類[*29]される内容になっている。それこそが検閲を通過する工夫であったのだ。

三一年版の特徴となっていた不道徳な恋愛や性的表現は和らげられ、女性の服装も露出が少なくなっている。テッドは背広にカウボーイハットという派手な出立ちで、表情や身振りも大げさな手八丁口八丁といった軽妙洒脱な人物として描かれている。依頼の電話が入れば、報酬を吊り上げるために鉛筆を銜えて声色を使うなど、咄嗟の機転がきく世渡り上手であり、相棒殺害の知らせを受けてナイトクラブを後にする時でさえ、ダンサーとデートの約束をするほど女好きの楽天家である。相棒を失っても落ち込む気配はなく、未亡人にはお悔やみどころか「喪服が着たくて夫を殺したと思われるくらいよく似合ってるよ」（"Oh, you look so good that people will think you killed Ames just so you could have mourning clothes to make you look more gorgeous."[*30]）と悪い冗談を飛ばす始末である。

この前年にアカデミー主演女優賞を獲得していた人気女優ベティ・デイヴィス（Bette Davis 1908-89）が演じる威勢のよい姐御といったタイプのヒロインは、真犯人として警察に引渡される時も涙を見せたりせず、「いつかあんたより利口な女につかまって結婚しなきゃならない羽目に陥るよ」（"Someday you'll find one who'll be smarter. She'll marry you."[*31]）と大声で悪態をつくが、テッドは全く気にかけない。秘書が声をかけると「連続殺人事件を片付けたところなんだ」「だったら大いに遊びましょう」（"Well, I cleared up a couple of murders." "Now we can have a lot of fun."[*32]）といった軽い調子で楽しそうに腕を組んでその場を立ち去る。

一切の感情を笑い飛ばすことでハードボイルドタッチの連続殺人事件をコメディに仕立てようとする試みには無理があったのだろう。ニューヨークタイムズ紙には「ナンセンスの寄せ集めでストーリーが無い」あるいは「手の込んだ安っぽい茶番劇[*33]」と酷評されている。

太平洋戦争開戦直前の一九四一年十月という緊迫した空気のなかで公開された『マルタの鷹』は「犯罪」「ミステリー」[*34]に分類されている。ハンフリー・ボガート（Humphrey Bogart 1899-1957）が演じる主人公サムは、気の利いた冗談を飛ばす楽天家でもなく、女好きの世渡り上手でもない。感情とは無縁のペシミスティック《厭世的》でシニカル《冷笑的》な人生観を持つ悪魔的なタフガイとして描かれており、人間関係が極めて希薄であることのほか、その言動にはニーノ・フランクが指摘するミソジニー《女嫌い》が認められる。

探偵事務所の相棒が殺害された翌日に、未亡人となったアイヴァがサムを訪ねてくるが、夫の死を悲しむどころか密会の約束をせがむ。二人はかねてより不倫関係にあったのだが、このとき彼の顔に明らかな嫌悪感が浮かぶ。もとより愛情から生じた関係ではなかったし、自分以外にも不倫相手がいることを知っていたからだ。彼女への不信は愛という絶対的価値への不信に、さらには結婚という社会制度への不信につながる。サムがこの夫婦について「子どもはいないし、奥さんは彼のことを好きじゃなかったよ」(“...no children, and a wife that didn't like him.”[*35])と無表情に語るとき、不毛な結婚に対する絶望が感じられるのである。

ブリジッドが信用できない人物として映像化されていることは既に述べたとおりだが、彼女にはおよそ真実というものが見当たらない。素性はもちろん純粋無垢なふるまいも信用と同情を得るための嘘であった。香港ギャングの情婦だった彼女は財宝の鷹像を独り占めするためにサンフランシスコまでやって来たのである。人探しの依頼は邪魔になった仲間を始末するための嘘であった。

サムは強い不信を懐きながらも彼女の性的魅力に引きずられて財宝争奪の組織的犯罪に巻き込まれてゆくのだが、それは嘘が作り出す空間に魅力を感じているからに他ならない。だからこそその性的魅力はいっそう輝きを増し、口づけせずにはいられない衝動にかられてしまうのだ。彼女が「嘘をつくのに飽きたわ」(“I'm so tired... so tired of lying and making up lies.”[*36])と告白する時、

女性に対する不信の裏返しであるかのように、サムにとって何よりも重要なのは男同士の連帯である。亡き相棒への思いを綿々と語るサムは、ブリジッドが不倫を見透かすかのように「それほどの存在でもなかったでしょ」(“...Mr. Archer wasn't as much to you as...”[*37])と指摘するとあからさまな嫌悪感を示し、「相棒が殺されたら男は黙っちゃいない」(“When a man's partner is killed, he's supposed to do something.")[*38]と憤る。不倫によって相棒を裏切っていたにもかかわらず、サムには罪悪感や後ろめたさが不思議なほど認められないのだ。彼にとって女は何らの意味を持たないばかりか嫌悪の対象でしかないために、アイヴァとの不倫も相棒との絆を脅かすものではない。だからこそ「たぶん愛している」("Maybe I do.")[*39]ブリジッドを警察に引渡すという冷酷非情な仕打ちが可能となる。彼女を待つのは長い牢獄生活かおそらくは死刑台である。

四十一年版『マルタの鷹』は原作に最も忠実な映画化作品であると言われるが、ジョン・ヒューストンは脚本を執筆するにあたり、小説のセリフをそのまま採用することによって登場人物の道徳的堕落や社会の腐敗を直視できると考えた。ハメットのハードボイルドタッチは十一年の歳月を経て、ようやくスクリーンに再現されることになったのだ。

## アメリカの経験

ハリウッドの主流映画におけるヒロインは、理想の男性にめぐり会い、困難を乗り越えた末に結ばれて、シンデレラさながらのハッピーエンドを迎えるのが通例であった。彼女たちは、どれほど有能であったとしても、男を陰で支える役回りを喜んで引き受け、その褒美として男から指名されるのをじっと待ち続ける。リン・シーガルは、本質的な女性らしさを「より慈愛に満ち、母性的、協同的、平和的」[*40]であると定義するが、これらはフィルム・ノワールのヒロインたちが全く持ち合わせていない資質である。

『マルタの鷹』のヒロインは不実な嘘つきであったし、『上海から来た女』のヒロインは、人目を忍んで逢瀬を重ねた愛人が駆け落ちしようと持ちかければ「あなたと行けば、私も働くことになる」(“And I'd have to take in washing to support you.”)[*41]と拒絶する。彼女には「愛する人とならば貧しくても幸せな暮らし」を求める結婚願望が認められない。『深夜の告白』のヒロインは、夫と愛人を破滅に導いただけでなく、ロサンゼルス郊外に瀟洒な家を構える理想的なアメリカ中産階級家庭を跡形もなく破壊した。彼女たちに共通するのは暴力的なまでのセクシュアリティである。

シルヴィア・ハーヴェイによれば、フィルム・ノワールの物語はアメリカ社会における女性の位置が重要な変化を遂げていることを暗示しているという。[*42]伝統的な価値観の中で、家庭にあってよき妻よき母であることが理想とされたアメリカ女性も、第二次世界大戦が始まると出征した男たちに代わって軍需工場で働き、国家総力戦における労働力として戦争を支えることが要求された。腕まくりして力瘤をみせる女性工員の姿が描かれた「リベット工のロージー」のポスターは、男性社会に挑戦する女性を応援するシンボルとして用いられ、標語の「私達にもできる!」は激励のメッセージとなった。

しかし、戦時の労働力として否応なしに工場に駆り出された女性たちの戸惑いは計り知れない。家庭が生活の全てであった彼女たちが未知の空間に引きずり出され、そこで生きることにようやく慣れてきたころ戦争が終わる。男たちが帰ってくると、彼女たちは再び否応なしに家庭に戻された。工場が彼女たちを必要としなくなったからである。男性不在の間は男の役割を強いられ、帰還すれば当然のように女の役割に戻ることを強要されて少なからず当惑した女性たちは、自分たちの居場所に疑問を感じ始めることになる。

戦地から戻った男性を待っていたのは、女性神話にイメージされる昔どおりの彼女たちではなかった。精神的にも経済的にも自信をつけた妻や、夫の不在中に結婚外の恋愛を経験した妻もいたことだろう。再会の喜びが落ちつく頃になると、これまでとはどこか違う妻の変化に気づき、不信を懐き始めた夫は、次第にそれが自分の存在を揺るがしかねない脅威であると認識するに至る。信じていた者への不信や疑惑は、アメリカの国民的英雄であったリンドバーグ（Charles Augustus Lindbergh 1902-74）がナチの台頭に伴ってファシスト支持を表明したこと、戦後の赤狩りにおける仲間の裏切りやローゼンバーグ事件に代表されるスパイ行為などを目の当たりにしたことにより増幅されたと言える。

戦後に出現した「女性ホワイトカラー」も男たちにとって脅威だった。自信と実力をつけ、自立心ばかりか野心さえ持つようになった彼女たちは、アップルパイを焼いて夫の帰宅を待つ結婚生活など考えてはいなかった。出産の場合にもベビーシッターを雇って仕事を続けると主張したために、伝統的な価値観を持つ姑と対立し、夫を困惑させた。かつてのように女性を家庭に閉じ込めておくことは不可能となったのだ。

女性への不信は、結婚という制度そのものへの不信につながる。ハーヴェイは妻たちの役割を

「イデオロギー的安全弁」[*43]であると分析するが、それは *I Wake Up Screaming*（1941）に登場する男たちの会話「女なんて皆同じだ」「だが、置いとかなきゃならないだろ—標準装備なんだから」（"Women are all alike." "Well, you've got to have them around — they're standard equipment."[*44]）によく示されている。アメリカの中産階級を支えてきた「成功神話」では、プライベートな空間に妻を所有しておくことが言わずもがなの前提条件となっていたが、フィルム・ノワールの時代には、それが男たちにとって社会的な体面を保つための「標準装備」すなわち「安全弁」でしかないという本音が露呈しているのである。

クルートニックの指摘によれば、フィルム・ノワールは変化しつつある社会において力を失うことに対する男性の不安として顕在化する男性性の危機を表現している。[*45]たしかに、フィルム・ノワールに登場する女たちの破壊力に比べて男たちはほぼ例外なく弱っている。『深夜の告白』でオフィスのディクタフォンに向かい、事件の顛末を語るネフは肩を撃ち抜かれて瀕死の状態であるし、『サンセット大通り』のナレーターである売れない脚本家は既に射殺されてプールに浮かぶ死体である。『マルタの鷹』『ロジャー・ラビット』（*Who Framed Roger Rabbit*, 1988）の探偵は、それぞれ相棒を殺されているが、特に後者の場合には、それがたった一人の弟であるために喪失感が大きい。

ヒロインに殺害される夫たちは、年齢による衰えだけでなく、身体的な不自由さも目立つ。『深夜の告白』『郵便配達は二度ベルを鳴らす』の夫は松葉杖をつき、『上海から来た女』の夫は両手にステッキをついて歩行する。彼らの脆弱さは、若さを持て余した美貌の妻に対する性的無関心を決定的なものとし、それゆえにこそ殺害される運命をたどることになる。

フィルム・ノワールの物語は、ヒロインが積極的に犯罪をしかけることにより展開してゆくが、断片的な物語を集約するナレーションは専ら男性主人公の視点で語られるという矛盾を孕んでいる。そこに認められるミソジニー《女嫌い》は、第二次世界大戦から冷戦へと続く時代に確実に力をつけていた女性に対する警戒を促す叫びとも聞こえるのではないか。ヒロインたちは「女性神話」「結婚神話」「家庭神話」を悉く破壊し、アメリカを支えてきた「成功神話」を揺るがす存在であるが故に、秩序を回復するための見せしめとして制裁されねばならなかったのだ。

一九三〇年に出版されたハメットのハードボイルド小説『マルタの鷹』がフィルム・ノワール作品となるのは一九四一年のことであったが、『深夜の告白』にも同様の経緯が認められる。一九二七年にアメリカで実際に起きた「ルース・スナイダー事件」[*46]に着想を得たと伝えられるジェームズ・ケイン（James M. Cain 1892-1977）の小説『倍額保険』（*Double Indemnity*, 1936）が映画化されたのは、一九四四年である。フィルム・ノワールとして成立するには、事件から十七年、原作から八年という歳月を経験する必要があったと考えられるのではないか。少なくとも、そこに描き込まれたペシミズム《厭世主義》とシニシズム《冷笑主義》は、ビリー・ワイルダーが主張するように彼のユダヤ性によるものだけではなさそうだ。

注

＊1　ハワード・ホークス作品として『特急二十世紀』（*Twentieth Century*, 1934）、『赤ちゃん教育』（*Bringing Up Baby*, 1938）、『ヒズ・ガール・フライデー』（*His Girl Friday*, 1940）がある。フランク・キャプラ作品として『或る夜の出来事』（*It Happened One Night*, 1934）、『オペラハット』（*Mr. Deeds Goes to Town*, 1936）がある。

＊2　一九二〇年代から五〇年代のハリウッドにおける映画制作システムをいう。スタジオ・システムのもとでは映画の芸術性を追及することよりも安定した生産供給と観客確保が重視されたため、俳優たちは同じような役どころを延々と繰り返した。

＊3　ほかに『飾窓の女』（*The Woman in the Window*, 1944）、『ローラ殺人事件』（*Laura*, 1944）、『ギルダ』（*Gilda*, 1946）、『三つ数えろ』（*The Big Sleep*, 1946）、『上海から来た女』（*The Lady from Shanghai*, 1947）、『キー・ラーゴ』（*Key Largo*, 1948）、『口紅殺人事件』（*While the City Sleeps*, 1956）など。フィルム・ノワールは『マルタの鷹』から『黒い罠』までとするのが一般的であるが、一九七〇年代以降のネオ・ノワールと区別して特にクラシック・ノワールと呼ぶことがある。

＊4　フィルム・ノワールは低予算のいわゆるB級映画として量産された。

＊5　ロマン・ポランスキー監督作品『チャイナタウン』によってフィルム・ノワールが再注目されるようになりネオ・ノワールと称されるようになった。マーティン・スコセッシやクウェンティン・タランティーノが多く手がけている。ほかに『タクシードライバー』（*Taxi Driver*, 1976）、『ロジャー・ラビット』（*Who Framed Roger Rabbit*, 1988）、『ファーゴ』（*Fargo*, 1996）、『シン・シティ』（*Sin City*, 2005）、『さらば、ベルリン』（*The Good German*, 2006）など。

＊6　フューチャー・ノワールとはフィルム・ノワールのテーマと映画手法を用いたSF作品をいう。

ほかに『ターミネーター』（*The Terminator*, 1984）など。

＊7 James Naremore (1998). *More Than Night: Film Noir in its Context*. Berkeley: University of California Press, p.16.

＊8 ibid., p.15.

＊9 一九四四年九月一六日付の *The New Yorker* には "murder melodrama" とコメントされている。

＊10 一九四四年一〇月一〇日付の *The Los Angeles Times* には "intellectual exercise in crime" とコメントされている。

＊11 Cameron Crowe (1999). *Conversations with Wilder*. Alfred A. Knop. 宮本高晴訳『ワイルダーならどうする?ビリー・ワイルダーとキャメロン・クロウの対話』キネマ旬報社 二〇〇一年。

＊12 最初のギャング映画はジョセフ・フォン・スタンバーグ（Josef von Sternberg 1894-1969）監督による『暗黒街』（*Underworld*, 1927）ルイス・マイルストン（Lewis Milestone 1895-1980）監督による『暴力団』（*The Racket*, 1928）だが、D・W・グリフィス（David Wark Griffith 1875-1948）監督による一八分の作品『ピッグ横丁のならず者』（*The Musketeers of Pig Alley*, 1912）にまで遡ることが出来る。いずれも白黒のサイレント映画。

＊13 トーキー映画技術とは、映像と同期した音声を入れる技術。この技術を用いた七五分以上の長編をトーキー映画とよぶが、最初の作品『ジャズ・シンガー』（*The Jazz Singer*, 1927）は制作費がかさむため一部分だけに採用された。

＊14 一九二〇—三三年に施行された酒類の醸造・販売を禁止する法律。密造酒の横行を招き、暗黒街の犯罪を助長することになった。

＊15 一九世紀アメリカの小説家。ダイム・ノベル（Dime novel）と呼ばれる三文小説を一三〇編以上

著した。

＊16　映画の内容に関して統制を行うためにアメリカ映画製作配給業者協会によって一九三〇年に採用され、一九三四年に強化された実践コードの通称。ヘイズ・コードの名前は協会長であったウィル・H・ヘイズ（Will H. Hays 1879-1954）に由来する。

＊17　『民衆の敵』の冒頭には次の字幕が挿入されている：It is the ambition of the authors of "The Public Enemy" to honestly depict an environment that exists today in a certain strata of American life, rather than glorify the hoodlum or the criminal. While the story of "The Public Enemy" is essentially a true story, all names and characters appearing herein, are purely fictional. — Warner Bros. Pictures, Inc.—

　幕切れには次の字幕が挿入されている："The Public Enemy" is not a man, nor is it a character—it is a problem that sooner or later WE, the public, must solve.

＊18　Robert Warshow (1970). *The Immediate Experience*. New York: Atheneum, pp.131-2.

＊19　DVD『上海から来た女』　ソニー・ピクチャーズ・エンタテインエント　チャプタ11

＊20　DVD『マルタの鷹』　ワーナー・ホーム・ビデオ　チャプタ12

＊21　ウーファ（UFA）は、ウニヴェルズム映画社（Universum Film Aktiengesellschaft）の略。ドイツ政府が援助資金の⅓を提供することによって一九一七年に数社が合併して誕生した。『カリガリ博士』の国際的な成功によりドイツ表現主義の黄金期を迎え、規模・人材ともにハリウッドに次ぐ世界第二位となる。ナチスが勢力を得た一九三七年には政府直轄となり、一九四五年に映画製作を終止した。

＊22　物語の進行中に過去の出来事を提示する技法。

＊23 ワイルダーがウーファで書いた脚本として『少年探偵団』（*Emil und die Detektive*, 1931）、『街の子スカンポロ』（*Scampolo, ein Kind der Straße*, 1932）がある。

＊24 Robert Porfirio, Alain Silver & James Ursini eds. (2002). *Film Noir Reader 3: Interviews with Filmmakers of the Classic Noir Period*. New York: Limelight Editions, pp.101-19.

＊25 この立場はP. Schrader, J. Place, L. Peterson, E. Ann Kaplan, C. Gredhill, S. Harvey, P. Cook, R. Dyer, C. Johnston など多くの研究者によって支持されている。

＊26 http://www.imdb.com/title/tt0022111/

＊27 DVD *The Maltese Falcon*（*1931*） Warner Home Video Chapter 21.

＊28 原文では "He looked rather pleasantly like a blond satan." となっている。

＊29 http://www.imdb.com/title/tt0028219/

＊30 DVD *Satan Met a Lady* Warner Home Video Chapter 6.

＊31 DVD *Satan Met a Lady* Warner Home Video Chapter 20.

＊32 DVD *Satan Met a Lady* Warner Home Video Chapter 20.

＊33 http://movies.nytimes.com/movie/review?res=9407EEDE1E3FEE3BBC4B51DFB166838D629EDE

＊34 http://www.imdb.com/title/tt0033870/

＊35 DVD『マルタの鷹』ワーナー・ホーム・ビデオ チャプタ6

＊36 DVD『マルタの鷹』ワーナー・ホーム・ビデオ チャプタ12

＊37 DVD『マルタの鷹』ワーナー・ホーム・ビデオ チャプタ26

＊38 DVD『マルタの鷹』ワーナー・ホーム・ビデオ チャプタ26

＊39 DVD『マルタの鷹』ワーナー・ホーム・ビデオ チャプタ26

*40 Lynne Segal (1987). *Is the Future Female?: Troubled Thoughts on Contemporary Feminism.* London: Virago, p.ix.

*41 DVD『上海から来た女』 ソニー・ピクチャーズ・エンタテインメント チャプタ12

*42 Sylvia Harvey (1978). 'Woman's place: the absent family of film noir'. In E. Ann Kaplan (ed.), *Women in Film Noir.* London: British Film Institute, p.25.

*43 ibid., p.27.

*44 DVD *I Wake Up Screaming* Twentieth Century Fox Home Entertainment Chapter 5.

*45 Frank Krutnik (1991). *In a Lonely Street: Film Noir, Genre and Masculinity.* London & New York: Routledge.

*46 クイーンズ在住の人妻ルースが倍額保険金目当てに不倫相手である下着セールスマンと共謀して夫を殺害した事件。二人はまもなく逮捕され、ルースは一九二八年一月一二日にニューヨーク州シンシン刑務所において処刑された。

# 言語学の窓からのぞく英語圏の社会と文化
## ――ジェンダーをキーワードにして――

饒平名 尚子

## はじめに

言語は社会・文化を構成する要素として欠くことのできないものである。語り手のアイデンティティに深くかかわる言語は、話し手のジェンダー、エスニック・バックグラウンド、社会的な階級、人との関係構築に関わる指向、年齢などを反映して、同じ言語でもさまざまな変種（variety）がはぐくまれることとなった。英語といえども何か普遍的な正しい英語が存在するわけではない。むしろ、Englishes と複数形の s をつけてあらわす、さまざまな変種を包括するものとして考える視点が広まっている。

言語学の中でも、理論的な知見を応用して、主に言語と社会の関わり合いを探究する分野は「社会言語学」と呼ばれている。この社会言語学ではこれまで「誰が何をどのようになぜ話すのか」

ということをさまざまな社会的要因と結び合わせて考えてきた。会話に参加している人のバックグラウンド、人間関係、会話の目的、会話の進め方に対する規範と期待など、どれ一つとっても、話者の話の進め方、発言に対する理解の仕方に影響する。

本稿ではその中から、誰にでも身近な「ジェンダー」を一つのキーワードとしてとりあげ、英語圏におけるさまざまな研究の成果を検討しつつ、社会と文化を繊細に反映することばの持つ力をみていくこととする。

まず初めに、女性とことばの関係に関する研究の中から言語と支配関係に重きをおいたもの（しばしばフェミニズム言語学や社会的権力と結びつけられるアプローチ）を概観し、つぎに、女性と男性の会話スタイルから考えるアプローチとその背後にある考え方をみていく。その中で、言葉のもつ社会的役割について英語圏を中心に考えていきたい。

## 1　女性とことば研究の礎――ロビン・レイコフ

現代アメリカにおけるジェンダーとことば研究は、ロビン・レイコフ（Robin Lakoff）の名を挙げなければ、まず始らないといってもよいであろう。アメリカでロビン・レイコフの論文『言語と性』（*Language and Women'S Place*）が一九七五年に出版されて以来[*1]、アメリカ英語における女性語の特徴の解明と、女性語の解放が注目されるようになった。このような動きの影響はアメリカのみならず広く英語が用いられる国際社会へ、そして英語圏以外の国々へと広がっている。メイナード（一九九七：一三〇）[*2]は、レイコフについて、「当時アメリカで増々盛んになりつつあった女性解放運動（ウーマンリブ）とフェミニズムの波に乗り、女性語解放のための起動力となった」と述べている。レイコフは論文の中で、女性の話し方の特徴をあげ、そのような女性の話し方は、男性と比べて社会的な弱者の言語である、と主張した。

ご存知のとおり、英語と日本語では、話者の性的なアイデンティティを示す方策は異なる。英語にも女性に多く見られる話し方の特徴はいくつかあるが、いわゆる日本語における女ことばや男ことばと同一に考えることはできない。話者の性的アイデンティティは語彙選択や構文の傾向、談話の構築方法の差によって間接的に示唆される。以下に、レイコフの指摘した女性の話し方の特徴をメイナード（一九九七）を参考にしていくつか見ていきたい。

1．女性語特有の興味に関連してファッション用語（特に色を識別する言葉、服に関する言葉など）や料理用語などの語彙が豊富

2．あまり意味のない形容詞を強調のために使う（例：*devine*〈神のような〉の意味から転じて、とても素晴らしいという意味合いで使う）

3．平叙文でも、尻あがりのイントネーションを用い、相手から確認を求める

4．言いよどみ表現を頻用する（*well*、*kinda [kind of]*〈えっと、～みたいな〉など）

5．強調表現として ***so***〈すごく〉を使い、また、***so*** にアクセントを置いて話す。

6. 文法的で正しい表現を使う。
7. 非常に丁寧な表現を使う。
8. ユーモアに欠け、冗談をあまり言わない
9. 一般的に強調表現をよく使う
10. 付加疑問文をよく使う

例えば、女性が色の微妙な違いを区別し、色に関する語彙が豊富であることはなぜ女性の弱者としての立場に関係があるのであろうか?語彙力が豊かであることは一見良いことのように思われる。しかし、社会的な権力ということから考えれば、色の名前を知っていても、政治・経済に関連する用語と比べれば、いわばあまり意味がない、と判断される。つまり、女性は「くだらない、どうでもよい」ことに関しては良く知っているのである。男性からみて、色の識別はたいして重要ではない事柄と考えられる。このことは、さらに、知識として重要かどうかを判断する基準が男性にあることをも暗に示唆することになる、として、女性の社会的に低い立場を反映していると考えられた。

尻あがりのイントネーションやいいよどみ表現の多用は、自分の意見に対する自信のなさとしてうけとられ、これもまた相手からの確認を常に意識して話す女性の弱い立場の反映であろうと指摘されている。

付加疑問文とは、平叙文のうしろに、短い疑問文を付加したもので、前の文が肯定文なら否定形の疑問文を付加し、前の文が否定形なら肯定形の疑問文を付加する。例として、**It's a fine day today, isn't it?**〈今日はいいお天気ですね、そうでしょう?〉といったものがある。レイコフによれば、これもまた話者の自信のなさの表れであり、女性が付加疑問文を多用することは、女性が意見を自信を持って言い切れないからであるとした。

しかし、レイコフは男女どちらが付加疑問文を使うかを実地に調査して、数を統計的に分析したわけではない。社会に対する鋭い観察により、おおまかな傾向をのべたにすぎない。このことは、のちにレイコフの主張に対する批判を生みだすことになった。

実際に女性と男性ではどちらが付加疑問文を多く使うのであろうか。レイコフの指摘をうけて、その後の研究者たちは、さまざまな文脈で録音された会話を分析し、その使用頻度は男性と女性どちらにどれくらい用いられているか、調査を行った。田中&田中(一九九六年)は、さまざまな研究者の報告をまとめて紹介しているが、[*3]男女間の頻度に関してじつにさまざまな調査結果がでたという。例えば大学での会議では男性の方が付加疑問文を女性よりも多く使い、しかもそれは下降イントネーションとともに用いられたという報告がある(**Dubois & Crouch 1976**)。[*4]つまり、尻上がりに相手から確認を求めるようなイントネーションではなく、むしろ相手が反対意見をさしこむ余地のないような、説き伏せる言い方による付加疑問文であったという。付加疑問文といっても、付随するイントネーションの用法、会話における機能が異なっているのである。また、家庭における会話では、レイコフの報告通り、女性の方が付加疑問文を多用するという結果がでた。[*5] その一方で、女性と男性の使い方に差がなかったとする報告もあり、一概にはどちらの方が付加疑問文を多く使うかは結論付けられない。おおまかな傾向としては公的な場では男性が付加疑問文を下降イントネーションとともに会話をコントロールするために用い、プライベートな場では女性が相手との親和を築くために用いる頻度が高いといえよう。

さらに **Cameron** もまた付加疑問文は自信のなさの表れとすることに異議を唱えた。例えば **"It's a fine day today, isn't it?"** という表現は、話者が本当に今日の天気がわからないとか自信がないことを表しているわけではない。むしろ、話をしている相手から発話を引き出し、会話に参加してもらうための一つのストラテジー、方略として用いられることがある、というのである。そして、相手を会話に参加させてあげる、仲間として話しやすくさせてあげる、というのは、女性がしばしばとる社会的な役割であるが、男性も同じような目的では付加疑問文を女性同様用いる、としている。[*6]

このように、表面上は同じに見える言語学的現象も、それが果たす機能やパラ言語的特徴（イントネーションの上がり・下がり、声のトーン等）も考慮しなくては、一概に女性と男性、どちらが多く使うかということは言えないことがわかってきた。まさに言語はそれを使う人間の思惑や置かれている立場、文化を反映し、多元的に変化していくものである。

## 2　中立な表現のガイドラインとその後

女性蔑視的な表現、あるいは女性と男性に関して不均衡な表現方法を是正しようとする動きも英語圏では活発である。[*7] 典型的な例としては、人間全体を総称しての *man* や *generic he* の使用、*Mr./Mrs./Miss* の使い分けがある。*Generic he* とは、人間一般、あるいは男性も女性も含む対象者に対して、男性を表す代名詞 *he* で総称する用法を指す。フォーマルな文章に見受けられることが多い。新聞や報道におけるガイドラインにおいては、この用法を避けて、人全体には *people* を用いることが提唱された。大学や研究者が論文を書くときにも、*generic he* を避け、複数形の *they* や *he or she* と *she or he* を交互に使ったり *he/she* などの表記をして、女性を表す人称代名詞も使うように指導するようになった。また、タイトルに関しても、女性だけが既婚・未婚に関する情報を包含した呼び方をするのは不公平であるとして、*Ms.* をつかうか、もしくは性別を示唆する表現は女性、男性を問わず削除するなどの方針がでてきた。その他、男性形を基準にしてそれに *-ess* をつける女性形、職業名の *policeman*〈警察官〉、*fireman*〈消防士〉なども不均衡な表現であり、男性特有の職業、女性特有の職業としての差別化に影響を及ぼすとされ、性的に中立な表現への変更（*policeman -> police officer, fireman -> firefighter* など）が徐々になされていった。

このMs. というタイトルは、英語の中に浸透してきたようにみえるが、その使い方はいまだデリケートな問題を含んでいるように思う。*Ms.* が社会の中で使われるようになっていっても、*Ms.* と呼ばれることを好むことは、ウーマンリブ運動の支持者であることを暗に意味しているか（しかもネガティブなイメージとともに）、または、年齢が上がってきたにもかかわらず結婚していない人が未婚であることを隠すために用いている、といった皮肉な見方も存在する。中立的な表現、男女で不均衡とならない表現を、という本来の目的とはずれたところで、*Ms.* という言い方が別の含意をもって歩きだしてしまうのである。個人的な経験談ではあるが、一九八〇年代前半、ロサンゼルスに留学中、私の友人で二五歳の独身女性が、自分宛の DM に Ms. が用いられていたのを見て、「自分は Ms. と呼ばれると、なんだか結婚していないのを憐れまれているような気がする」とため息をついていた。真に中立的な言語表現がいかに難しいかを示すエピソードではないだろうか。

アカデミアの世界では、さらに相手が博士の学位を持つ *Dr.* と呼ぶべき人か、*Professor* なのか、など微妙なケースもからみ、手紙やメールにはもうタイトルを一切つけずに、相手の名前をそのまま書くだけ、といった書き方も見受けられるようである。事前に意思が確認可能な場合には、本人がどのように呼ばれることを希望するか、選択できるようにするケースも増えている。

現在の状況について、Cheshire（2008）[*8]による興味深い報告がある。彼女はこの二〇数年ほどの間にどのような変化が英語におきたか、英語は今でも性的に不公平なバイアスがかかった言語であるかどうか、主にイギリスにおける状況をネット上の言語使用状況から調査している。

要点だけを簡略に列記すると次のようになる。

・職業名：男性形に-*ess*をつけて女性を表わす*air hostess*の代わりに*flight attendant*〈フライト・アテンダント、いわゆる航空機の客室乗務員〉がBBC放送局のウェブページでは八四％の高割合で用いられていた。*Fireman*〈消防士〉はmanがついて男性形であるが、性的に中立な*firefighter*の方がずっと良く使われるようになった。その一方で、*policeman*と*police officer*の使用は同じぐらいであった。

*Actor/actress*〈俳優、女優〉は、男女ともに性の区別なく*actor*とする用法がガーディアン誌のガイドラインにのっているが、賞の名称としては*Oscar for best actress*〈最優秀女優賞〉といった形で残っている。

・ニュース報道：性的に中立な表現と、性別を明らかにした表現が交互に用いられるケースが見受けられた。つまり、見出しは性別を示唆しない中立な表現であるが詳細記事では性別を明らかにしている、またはその逆、といった使い方である。これは単に記者が同じ表現を繰り返し使うのを避けようとしているだけかもしれない。性的に中立な表現の本来の意図とはずれている。

・*Generic he*：イギリスの大学の教職員間では使用されなくなったが、学生のレポートにはまだ見受けられ、大学以外の場ではどのくらい浸透している現象なのか定かではない。英語全体的な変化としてフォーマルな書き言葉から親しみやすいインフォーマルなスタイルへという傾向がみられ、その影響で*generic he*の使用がもともと減ってきているとも考えられる。性的に中立な表現への配慮ということとは別の理由で *generic he* が減ってきただけかもしれない。

まとめとして、男性偏重の言語的不均衡をぬぐうための言語変革は進んではいるが、完璧からはまだ遠い状態であり、意識の改革が大切と Cheshire は結んでいる。ここで浮かび上がってくるのは、実に微妙な人間の心の動きである。さまざまな性的に中立的な表現が生み出され、そのいくつかは支持されずに消えた。ある程度の人々に支持され使用されるようになったと思わる表現も、社会の中で使われていくうちに別の意味合いを持つようになるケースもある。また、表面上、ジェンダーの問題に理解があるかのように見せかけるための、いわばカモフラージュ的に、そのような性的に中立な表現が使われることもある。言ってみれば、「私はジェンダーに配慮していますよ」とみせておくことが無難、と判断される場合における選択肢が増えたというだけのことなのかもしれない。

## 3　女性と男性、どちらが丁寧で正しいことばを使うか？

さて、レイコフの指摘した女性の話し方の特徴の6と7、つまり女性は文法的に正しい話し方をする、女性は丁寧な話し方をする、という現象（Sociolinguistic gender pattern〈社会言語学的ジェンダー・パターン〉と呼ばれる）に関連した一連の研究について言及していくことにしよう。

女性と男性では本当に女性のほうが文法的にも発音の上でも、社会から正しいと評価される、丁寧な話し方をするのであろうか？一九六〇年代後半から社会言語学で盛んに行われた**variation analysis**〈言語変種分析〉では、社会階層、地域、エスニック・バックグラウンド、年齢、そして性別による話し方の違いを統計的に示す方法が構築されていった。社会言語学におけるヴァリエーションとは言語変種のことを指し、同じ言語内にも、異なる発音、語彙、文法などをもつ話し方が存在する。例えば英語でも、いわゆるイギリスにおいて権威があると考えられる発音（かつて**BBC**のアナウンサーが使い、パブリックスクールと呼ばれるエリート養成校の発音と言われた**RP**［received pronunciation］〈容認発音〉の他に、社会的に蔑視されがちな、非標準的な発音や文法を使う話し方もあるのである。

　アメリカ、イギリスで行われた調査では、いずれも女性の方が、社会階級を問わず丁寧で標準的な、いわゆる社会的に権威があると受け入れられた形を男性よりも頻繁に使うことが指摘された。[*9]この背景として、女性の方が社会的に男性よりも地位が低いとみなされているからではないのか、女性は地位が男性よりも不安定なため、「言語」だけは権威があるとみなされる形式のものを用いて、自らの地位を高く見せようとしているのではないか、などの理由づけがなされた。

　では、女性の社会進出が進み、女性の社会的地位が向上すれば、このような社会言語学的パターン（女性のほうが丁寧で正しい標準的変種を話し、男性の方が非標準変種を使う傾向）はなくなるのであろうか？

　**Romaine**（2003）[*10]は、英語圏ではないが、スェーデンにおける**Nordberg and Sundgren**の調査結

果を紹介している。スェーデンは女性と男性の地位均等が他の国々に先駆けて進められ、女性の社会進出がとても進んだ国と言われている。一九六〇年代の調査ののち、およそ一世代あとの一九九〇年代後半に同じ地域で再度言語調査が行われた。それによると、女性の方が丁寧な話し方をする、という傾向には三〇年間でほとんど変化がなかった。それどころか調査対象になった項目によっては、以前の調査結果よりもさらにその傾向が強まったものもあったという。

また、階級別に比較してみると、最上級と最下級の層では以前の調査とあまり変化はなかったが、その中間の層、いわゆるmobile peopleといって階級が上下する可能性が高い層の人々は、性別にかかわらず、丁寧な話し方をする傾向が増えたという調査結果であった。

この結果についてはさまざまな解釈が試みられている（Romaine 2003）。一つには、言語の変化や、社会における性別役割に対する認識の変化には時間がかかる、ということ。また、社会進出が進んでも、女性らしい話し方・男性らしい話し方というものが好まれる場面では、それにふさわしい話し方を選択する人が多いのではないか、ということである。押し付けられた、というよりも、使い分ける、と言った方が良いかもしれない。さらに、女性の社会的なステイタスというものの捉え方に関する疑問もある。これまで、女性のステイタスは、しばしば家長の男性の職業、収入と関連付けて考えられることが多かった。そのため、調査対象になった女性の社会階級を本当に正しく反映しているか、疑問が残る、というものだ。今後このような追跡調査を丁寧にしていく必要があろう。その時に、一連の言語改革の評価、将来に向けての方向性も吟味されていくこととなろう。

さて、同じ社会階級、つまり、同じくらいの収入で同じくらいの大きさの家に住んでいても、地元のコミュニティー・ネットワークにどのくらい密接にかかわっているか、その人の持つ人間関係の広さ・深さ（ソーシャル・ネットワーク）によっても、社会的に標準とされた権威ある形式を話すか、標準形から逸脱した形を話すか、異なってくる。ベルファーストにおけるMilroyの研究[*11]では、地元コミュニティと強いソーシャル・ネットワークを持つ人の方が、そのようなネットワークが弱い人に比べて、女性でも逸脱形を使う頻度が高いことがわかった。家でテレビばかり見ていて、地元の社交的なクラブに入っていない人は比較的標準形を使う頻度が高く、地元飲食店でのお酒や娯楽活動が多い人ほど、くだけた表現、文法的には少し逸脱した表現を使う頻度が高い。ここには、社会的・経済的な階級だけでなく、地元にかかわるアイデンティティ、仲間意識などが関連してくると思われる。

さらに、Romaine（2003）はmobile層（社会階級が移動する可能性のある人々）においては、ジェンダーにかかわりなく、丁寧な話し方が進んだ、という点に関してはＩＴ産業の発達によるサービス業的な分野での需要増加も考えられると指摘する。これは女性が得意とする分野でもあり、女性の社会進出の増加、不況による男性の失業率増加と社会における男性の立場やアイデンティティの変化も影響していると考えられる。

また、仮に女性と男性が同じ教育レベルであったとしても、女性のほうが男性よりも収入の低い職業にしかつけないとしたら、一レベル下の職業についている女性の方が、同じレベルの男性よりも教育的に正しい、丁寧な話し方をすることが予想される。教育のレベルと正しい標準変種を話すことがある程度関係が強いのであれば、教育を受けているにもかかわらず、低い職業についている女性の方が、話し方が標準変種になるというのである。

## 4　異文化コミュニケーションモデル

さて、これまで見てきたように、ジェンダーと言葉の研究のパラダイムの一つに、女性の話し方は男性に比べて劣っているという指摘から、性差別からの女性解放、性的に中性な言語使用を求める動きへと発展していく考え方がある。林（二〇〇三）はこれを **deficit model**（欠損モデル）として紹介している。[*12]

その一方で、男女間の話し方の違いは、異文化コミュニケーションにたとえることができる、とする見方もある。どちらか一方にのみ優越性を認めたり、劣等であるといった評価をするのではなく、男性の話し方と女性の話し方を並列に置き、異なる話し方として互いに相手を理解し、受け入れることからよりよいコミュニケーションを求めていこうとする考え方である。異文化コミュニケーション・モデルとよばれるものである。

この後者の考え方を提唱した研究者、デボラ・タネン（Deborah Tannen）は実はレイコフのもとで言語学を学び、レイコフから影響を受けた。しかし、レイコフから十数年たってタネンが提唱したのは、劣性としての弱い話し方という女性の話し方ではなく、会話する相手との人間関係、会話において達成しようとしている目的によって選びとることが可能な、会話のスタイルの違いという考え方であったとメイナード（一九九七）は分析する。このような女性語の変革について、メイナード（一九九七：一三三〜一三四）はさらに、九〇年代のアメリカにはレイコフの指摘した弱者のことばとしての女性語はもはや存在しない、と言い切る。

現代のアメリカ女性の言語を語る時、「女性語」という表現を使うより、従来女性が好んで使うとされた「話し方のスタイル」とでもいった方が正確であるように思える。レイコフが想像した姿の女性語はもう存在しないのである。……つまり九〇年代のアメリカには弱者の手かせ足かせとしての「女性語」は存在せず、各種の話のスタイルが存在するのみである。このようなスタイルの差を認め、男女とも話し手はそれらを使い分ける自由と責任があると考える。会話のスタイルの選択の自由が九〇年代のアメリカの風土には確実に存在する。

無論、このような考え方は現状のほんの一部しかみていないのではないか、まだまだ女性語の変革は進められなければならないとする批判もある。Cheshire（2008）の報告でもみた通り、言語改革はある程度の成功はもたらしたものの、女性を表す言葉や男性・女性に対する表記の仕方にはまだジェンダーによる不均衡が存在する。しかし、会話のスタイルの概念は、タネンの著書、*You Just Don't Understand*[*13]がアメリカで一九九〇年に出版された時、四年間にわたってNY Times誌でベストセラーに入っていたことを考えると、少なくともアメリカの一般大衆からタネンの考え方が大いに支持をうけたということは言えるであろう。

では、タネンが挙げた男女の話し方の違いを具体的に見ていこう。

## 6　会話のスタイルとジェンダー：デボラ・タネン

タネンは声の大きさ、話す速さ、トーンやピッチの使い方（変化のさせ方）、沈黙に対する寛容度、個人的な話題に対する趣向（個人的なトピックを話すことを好むか否か）、トピックの突然の変化に対する受け入れ度（一つの話題についてじっくり話したいか、どんどん話題が変わることに寛容か）、ユーモアの使い方（〝落ち〟が明確か、間接的か、どのくらい頻繁にユーモアを会話に入れるか）、などといった要素の組み合わせにより、人それぞれに異なる話し方のスタイルを持っていることを明らかにした。[*14]これらの要素にはある程度結びつきやすいパターンが観察されている。すなわち、話すスピードの速い人は、沈黙に対する寛容度も低くなりがちで、結果として長い沈黙があるとそれを破ろうとして発言をたくさんする傾向がある。また、個人的な話題を比較的他人に開示しやすい人は、自分のプライベートなことを話したら、相手からもそのような話を聞けることを期待する傾向がある。

興味の示し方も、声の調子を急激に変化させたり、短い質問を相手に投げかけ（「それでどうなったの？」「それいつのこと？」など）、少々大げさなリアクションをすることで話者へのサポートを示そうとするかもしれない。タネンはこのような話者をhigh-involvement style（熱中型）と呼び、反対に途中で質問することは割り込みになるので話が終わるまで待とうとし、急激な声の変化や話題の転換にとまどってしまうタイプをhigh-considerateness style（思いやり型）と呼んだ。タネンは自分自身が参加した'Thanksgiving〈感謝祭〉の食事の会話を分析することにより、アメリカ合衆国内にあるサブカルチャーによる話し方のスタイルの違いを指摘した。この会話のスタイルをジェンダーによる違いに応用することにより、男女間の話し方の違いは異文化コミュニケーションと例えることができるのではないか、とタネンは考えた。そして出版されたのが、先に挙げた、*You Just Don't Understand* である。爆発的な人気により、世界のさまざまな言語に翻訳されているが、日本では田丸美寿々訳により『わかりあえない理由』（講談社）というタイトルで出版されている。

それによれば、会話に対して求めているものが女性と男性では異なる、という。アメリカ英語では、女性は和合、つまり相手とのつながりを求めているのに対して、男性は自分と相手のどちらが優位に立つか、という競合の場として会話をとらえる傾向がある、というのである。

ここでカギとなるのが、independenceとintimacy、つまり独立と関わりという二つの欲求のバランスのとり方である。人はだれでも、自分の独自性を保ちたい、独立した自分のテリトリーを守りたいという欲求を持つ。同時に、コミュニティーに関わっていたい、孤独ではなく人とのかかわりの中で、自分の価値を認められたいという欲求も持っている。女性・男性ともに普遍的に持っている欲求であるが、この二つに対するウェイトの置き方、それらが重要な役割をなす場のとらえ方に性別による違いがあるのである。タネンによれば、女性は「関わり」を会話に求め、男性は「独立」を求める傾向が強いという。そしてこの傾向は、発言権の取り方、愚痴に対する反応の仕方、詳細情報への関心の示し方などさまざまな会話の側面に影響を及ぼす。

例えば、女性が愚痴をほかの人に話すのは、共感を求めているからであり、解決策を必要としているからとは限らない。他者に話すプロセスを通して自分で考えを整理したり、情報を誰かと共有することで安心感を得ようとしているにすぎないかもしれないのである。しかし男性は、女性のそのような愚痴を、「助けを必要としている」と判断し、解決方法を提示しようとする傾向があるという。したがって、「そういう場合には○○すべきだ」と述べてしまい、女性の方は欲していた共感を得られず、不満が残る。男性の方も、せっかく解決策を考えてあげたのに、一向に行動に移さず、相変わらず不満を持ち続けている女性の態度が理解できないということになる。

また、別の例をあげるならば、何かを決定する際、女性は互いの意向を確認し、仲間外れにならないよう配慮しあうことが、親密度を増す上で重要と考えるという。したがっていきなり意見を押し付けないように気を配る。一方男性は、独立を重んじるので、そのような女性の態度は、優柔不断に見える。

これらの誤解は、人間として性格が悪いのでも頭が悪いのでもなく、ジェンダーによって会話に求めるものの違いからくる、会話の進め方に対する趣向の差、会話スタイルの差なのだ、とタネンは指摘した。以下にタネンの著書から、競合的男性の会話スタイルと和合的女性の会話スタイルの特徴をまとめた表をのせておく。*15

| | 競合的男の会話スタイル | 和合的女の会話スタイル |
|---|---|---|
| ① | 「地位」を築こうとする | 「親和」を築こうとする |
| ② | 上下や優劣を競う | 対等を重んじる |
| ③ | 自らの独自性を強調する | 相手や周囲との同質性を強調する |
| ④ | 対立的・攻撃的な姿勢をとる | 協調的・平和的な姿勢をとる |
| ⑤ | 情報を重視する | 感情を重視する |
| ⑥ | 直接的な表現を使う | 間接的な表現を使う |

## 7 タネンのその後の研究：パワーとの関連

タネンもまた批判から逃れることはなかった。異文化コミュニケーション・モデルでは、男性と女性の話し方を並列に並べて違いを指摘するが、しかしそれは本当に社会における男女の話し方の差を反映していないのではないか。異文化コミュニケーションとジェンダーを一緒にすることはやはりできないのではないかという批判である。例えば林（二〇〇五：八六）は次のようにまとめている。

(1) 男女間の相違と人種間の相違は同種のものではなく、ジェンダーの問題を異民族間の問題と同じレベルで扱ってはいけない。

(2) ジェンダーとジェンダーの役割は本来平等、互恵的なもののはずで、相違を規範とみなして研究をするべきではない（Eckert 1990）[*16]

(3) 相違として扱うとミスコミュニケーションの問題が個人の問題とすり替えられる恐れがある

(4) ミスコミュニケーションは男女の力関係に起因しているのであり、男が男の社会的規範に基づいて女の言葉を解釈することが原因である（Henley & Kramarae 1991）[*17]

このような批判を受けて、話し方と社会権力の関係について、タネンはその後の研究において男女間の会話にもパワーが影響することを認めている。そして、社会的な上下関係が顕著に現れる職場における会話を分析して、ジェンダーとパワーの関係を明らかにしようとした。*Talking* *from 9 to 5*（1994）[*18]では、女性の社会進出にともない増えてきた女性管理職と部下との仕事場でのやりとりを含め、なぜ指示が明確に把握されていない（と感じる）のか、なぜ能力が適切に評価されない（と感じる）のか、女性が男性的な直接的な指示の出し方をするときに「威張っている」「威圧的」と評価されたり、反対にみんなの意見を聞いて同意をするような話し方が「自信のなさ」「リーダーシップの欠如」として評価されたりするのか、解き明かしている。

タネンが指摘するのは、やはり女性管理職者の置かれた立場の複雑さである。例えば、決断を下すという行為は、男性上司と同じ言葉遣いで指示をだすならば、いばっている、と判断され、男性のみならず、和合を期待する女性部下からも強い批判がでることが予測される。かといって皆の意見を聞いて回れば、自分で判断できない無能な上司とみられるかもしれない。タネンは、相手によって話し方を変えたり（女性部下に対してなら、ファッションやプライベートな話題も適宜織り込みつつ、共通の接点を作る努力をする。男性に対してはプライベートな話題は仕事中は避けるなど）、「最終的には自分で判断するが、その前に皆の意見も聞いておきたい」といった一言を添えておく、などの手法を紹介している。

このような研究の成果は、同様の他の研究と合わせて、職場教育ビデオの作成にも応用され、利用されている。[*19]そこでは、ジェンダーの違いによるミス・コミュニケーションの具体的場面を設定して示し、女性と男性が意図したことは何であったのか、どのように会話をもっていくことが可能か、考えさせることにより、職場でのコミュニケーションをスムーズにしようというものである。

近年のタネンの研究は、人間関係におけるパワーの違いを家族間のコミュニケーションに向け、親と子・兄弟・姉妹、夫婦間のインタラクションに注目をしたもの[*20]（*I Only Say This Because I Love You*）、家族の中でも特に母と娘に絞って考察したもの（*You're Wearing That?*）[*21]、姉妹関係を物語るナラティブの分析研究へと発展している。いずれにしても、そこで注目されるのは、やはり女性の会話のスタイルと男性の会話スタイルの違いであり、私たちのあらゆる人間関係にこのような考え方が応用可能であることを示している。

## 8　謝罪とジェンダー

最後にもう一つ、謝罪という行為とジェンダーに関する研究を紹介し、性差がいかにコミュニケーションにかかわっているか具体的にみていきたい。一般に女性の方がちょっとしたことでもすぐに「ごめんなさい」を言い、男性はなかなか謝罪の言葉を言わないといわれる。それはなぜなのか。どんな社会的要因や背景がそこにはあるのか。ホームズ（**Holmes**）のニュージーランドでの調査およびタネンのアメリカ英語における観察を中心に取り上げてみよう。

ホームズ（一九九五）によれば、女性の方が男性より謝罪をする場面が二倍近く多く観察されている。[*22]女性は「すみません」や「ごめんなさい」を男性よりも言いやすい傾向にあるようである。

これについて、タネンもホームズも謝罪が持つ二つの異なる機能をあげ、男女でそれぞれの機能に対する反応の仕方がちがうことを指摘する。[*23]

(1) 謝罪は力関係をコントロールする方策

(2) 謝罪は相手とのつながりを作る方策

自分の行為が他者に与える影響への配慮として、人間関係構築のための手段としてとらえる。

だから、(2)の見地を取る人は、謝罪するのはそれほどおっくうではない。人間関係の潤滑油として頻繁に「ごめんなさい」が言えるのである。自らの非を公に認めているといった大げさなものではなく、儀礼的な、あいさつ代わりとも言える謝罪は、互いに謝罪しあうことで問題を乗り越え、次に進めるという効用がある。タネンは、このような謝罪は、ことばによるhandshake、つまり握手と同じようなものである、とさえのべる。しかし、そのように「ごめんなさい」を使う人にとっては、謝罪が期待される場面でちょっとした儀礼的な謝罪のことばが聞かれない時には、不愉快に感じることとなる、と指摘する。男性は、そのような会話儀礼として謝罪を使わない傾向にあり、したがって謝罪を女性が期待する場面で謝罪をしなくても、何かが欠けているとは感じない。ここにミス・コミュニケーションが生じやすくなる。

このことは、謝罪の持つ威力、非を認めるということの重さを男性は女性よりも慎重に評価している可能性があるともいえそうだ。タネンもホームズも男性が人より一段下になることに敏感であることも一因ではないかと考察する。独立を重んじ、他者との競合の場として会話をとらえる男性にとって、あいさつ代わりに頻繁に謝罪を述べることは、何か表面的で誠実さに欠けるように聞こえたり、一段下に自分を置くことを避けたい気持ちが働いて、女性ほど謝罪のことばを使わないというわけである。

こういった分析を踏まえて、タネンは家庭における夫婦喧嘩、親子喧嘩にも会話のスタイルに関する知識を応用することをすすめる。男性は謝罪のもっている「人間関係のきずな構築のための儀礼的な側面」を理解して、家庭内で女性に対してそれをもっと用いることで、夫婦間や父・娘間のけんかはもっと早く終わらせることができるのではないか、というのである。女性も謝罪に対する男性の考え方や会話スタイルを理解したり、男性の間接的な謝罪の意図、含意を理解することで言葉上の儀礼的な謝罪をしつこく求めることから解放されるのではないかと指摘する。***I'm sorry*** 〈ごめんなさい〉という、いわば謝罪のマジック・ワードを使わなくても、男性側は、悪かったと思っていることをさりげなく態度やしぐさで表現しているかもしれない。

## 9　最後に

ジェンダーとことばの研究に関して本稿でとりあげたのは、ごく一部にすぎない。実はジェンダーは社会言語学の中でも大変重要な領域であり、膨大な量の研究がこれまでなされてきた。その一端を概観したにすぎない。しかし、異なる代表的な二つのアプローチ（レイコフから発した性差別とことばの研究と、性差を異文化コミュニケーションととらえたタネンの研究）の核となる部分を検討し、そして最近の追跡調査や新しい動向も示すことで、できるだけ一方的な狭い視点からのみ見ていくことを避ける努力をした。

また、本稿では取り上げなかったが、近年、脳の研究が進み、脳生理学から女性と男性の話し方の違いが説明されつつある。いわゆる男脳、女脳がコミュニケーション・パターンを含め、人間行動にどのような影響を及ぼすのかという研究である。そこでは、本稿でみてきたような男女の会話スタイルの差とホルモンとの関係が示唆されている。[*24] 脳のメカニズム、ホルモンのような生理学的な要因も影響するのであれば、これは単に英語圏における現象だけではない。もっと普遍的な事柄であるとも言えよう。

また、このような脳科学からの研究成果は、性差に関する後天的な要因と先天的な要因の解明に役立つものとして期待されている。社会的なプレッシャーからくる後天的な要因は否めないとしても、それが全てではない。現代においては、先天的な要因への理解の深まりとともに、性差をどちらか一方の優位性／劣性という視点ではなく、両者は「異なっている」だけで、違いは違いとして受け止めることの大切さが示されていると思う。

ことばからジェンダーをキーワードにして、人間の営みをみてきた。取り上げた文献は英語圏における調査が中心であったが、私たち日本人にとっても身近でまた日々の生活に深く関わった事柄ばかりである。そこに浮かび上がるのは、人間のさまざまな思い、プライド、人間関係への期待と誤解、そしてその歴史が渦巻く中で、複雑にことばを操る私たち自身の姿ではないだろうか。

注

＊1　Lakoff, Robin. *Language and Woman's Place.* New York: Harper and Row. 1975.（邦訳　かつえ・秋葉・レイノルズ、有信堂、一九九〇年

＊2　メイナード・K・泉子「アメリカ英語」井出祥子編『女性語の世界』明治書院、一九九七年　一三〇―一四〇頁。

＊3　田中春美・田中幸子『社会言語学への招待』ミネルヴァ書房、一九九六年

＊4　Dubois, B.L., & I. Crouch. "The question of tag questions in women's speech: they don't really use more of them, do they?" *Language in Society* 4, 1975. P.289-94.

＊5　Fishman, P.M. "Interaction: the work women do". In B. Thorne, C. Karamarae, and N. Henley eds., *Language, Gender and Society.* Newbury House.

＊6 Open University. *The English Language: Past, Present and Future.* Open University Production Centre.

＊7 言語改革運動及びそれをめぐる論争については、中村桃子『ことばとフェミニズム』（勁草書房、二〇〇一年）に詳しく論ぜられている。

＊8 Cheshire' Jenny "Still a gender-biased language?" *English Today* 93, Vol. 23, No. 1. 2008. P.7-12.

＊9 Trudgill, Peter. Sociolinguistics: *An introduction to language and society,* 4th edition. Penguin. 2001.（古い版の邦訳：土田滋訳、『言語と社会』岩波新書、一九七五年）に主要調査結果の概要が報告されている。

＊10 Romaine, Suzanne. "Variation in language and gender." In Holmes, Janet and Miriam Meyerhof f ed., *The Handbook of Language and Gender.* 2003. P.9 8-118.

＊11 Milroy, L. 1980. *Language and Social Networks.* Blackwell.

＊12 林礼子「ジェンダーシステム・ジェンダーイデオロギーの言語化プロセス」 井出祥子・平賀正子編 『異文化とコミュニケーション』ひつじ書房、二〇〇五年、八六―一〇三頁。

＊13 Tannen, Deborah. *You Just Don't Understand: Women and Men in Conversation.* William Morrow. 1990.（邦訳：田丸美寿々訳、「わかりあえない理由」、講談社）

＊14 Tannen, Deborah. *Conversational Style: Analyzing Talk Among Friends.* NJ: Ablex. 1984.

＊15 タネン・デボラ著 田丸美寿々・金子一雄訳 『どうして男はそんな言い方、なんで女はあんな話し方』講談社、二〇〇一年、二四頁

＊16 Eckert, P. The whole woman: Sex and gender differences in variation. *Language Variation and Change,* 1,

1990. P.245-267.

*17 Henley, N., & Kramarae, C. Gender, power, and miscommunication. In N. Coupland, H. Giles, & J. Wieman, eds., *"Misscommunication" and Problematic Talk*. Newbury, CA: Sage. 1991.

*18 Tannen, Deborah. *Talking from 9 to 5: Women and Men at Work*. William Morrow. 1994.

*19 *Closing the Gap: Gender Communication Skills*. American Media Incorporated. (Training video)

*20 Tannen, Deborah. *I Only Say This Because I Love You: Talking to Your Parents, Partner, Sibs, and Kids When You're All Adults*. Ballantine Books. 2002..

*21 Tannen, Deborah. *You're wearing that?: Understanding mothers and daughters in conversation*. Ballantine Books. 2006.

*22 Holmes, Janet. *Women, men and politeness*. Addison-Wesley. 1995.

*23 Tannen, Deborah. *I Only Say This Because I Love You. Talking to Your Parents, Partner, Sibs, and Kids When You're All Adults*. Ballantine Books. 2002.

*24 例えば日本でも紹介されて話題を呼んだピーズ&ピーズ著、『話を聞かない男、地図が読めない女―男脳・女脳が「謎」を解く』主婦の友、二〇〇〇年、NHKで放送された番組に基づいたNHKスペシャル取材班著、『だから、男と女はすれ違う―最新科学が解き明かす「性」の謎』、NHKブックス、二〇〇九年などがある。

# 執筆者一覧

**井上《いのうえ》勝《まさる》**　1945年生まれ。フェリス女学院大学名誉教授。著作に『アメリカン・ドリームの諸相』（共編著、開隆堂）、"Where Willie Is" (*Oxford Town*, April 6-12, 2000), "Julia Wright and Her Mississippi" (*Oxford Town*, September 2-8, 2004) など。

**梅﨑《うめざき》透《とおる》**　1971年生まれ。フェリス女学院大学文学部准教授。著書に『アメリカ史研究入門』（分担執筆、山川出版社）、「アメリカ『六〇年代世代』の形成」（『歴史評論』2008年6月号）。訳書にキャロル・ブラック『歴史で考える』（岩波書店）など。

**奥田《おくだ》和彦《かずひこ》**　1943年生まれ。フェリス女学院大学国際交流学部教授。著書に『米加自由貿易協定と日本』（ジャパン・タイムズ出版）、『連邦国家カナダの未来』（青山社学術図書出版）、ジョン・W・ホームズ著『カナダとアメリカ―同盟国の政治と外交』（訳・解説、勁草書房）など。

**越智《おち》道雄《みちお》**　1936年生まれ。明治大学名誉教授。著書に『アメリカ「60年代」への旅』、『カリフォルニアの黄金』、『ブッシュ家とケネディ家』、『ワスプ（WASP）』、『日米外交の人間史』、近著『誰がオバマを大統領に選んだのか』、『オバマ・ショック』、『アメリカ合衆国の異端児たち』、『大英帝国の異端児たち』、『オーストラリアを知るための58章（第3版）』など。

近藤存志《こんどうありゆき》　１９７１年生まれ。フェリス女学院大学文学部准教授。著書に『時代精神と建築―近・現代イギリスにおける様式思想の展開』（知泉書館）、『現代教会建築の魅力―人はどう教会を建てるか』（教文館）。訳書にケネス・クラーク『ゴシック・リヴァイヴァル』（白水社）。

福永保代《ふくながやすよ》　１９５４年生まれ。フェリス女学院大学文学部教授。著書に『17歳のカルテ』（監修、スクリーンプレイ出版）、『ローマの休日』（共著、フォーインスクリーンプレイ事業部）、『親と子の愛と憎しみと』（共著、勉誠出版）など。

向井秀忠《むかいひでただ》　１９６４年生まれ。フェリス女学院大学文学部教授。近著に『イギリス小説の愉しみ』（共著、音羽書房鶴見書店）、『イギリス文化55のキイワード』（共著、ミネルヴァ書房）、『英国の巨人―サミュエル・ジョンソン』（共著、港の人）など。

饒平名尚子《よへなしょうこ》　１９６０年生まれ。フェリス女学院大学文学部教授。著書に『言わなかったことば』（フェリスブックス）、*Discourse and Silencing*（分担執筆、John Benjamins）、*Language and Communication in Old Age.*（分担執筆、Garland）、『談話分析ワークブック』（編著、ＤＴＰ出版）など。

フェリス・カルチャーシリーズ 7

# 英語圏の世界を知る

文学・歴史・社会・芸術・言語

【横浜社会人大学講座 8】

| | |
|---|---|
| 発行日 | 2010年 3 月31日 初版第一刷 |
| 編 者 | フェリス女学院大学© |
| 発行人 | 今井 肇 |
| 発行所 | 翰林書房 |
| | 〒101-0051 東京都千代田区神田神保町1-14 |
| | 電 話 03-3294-0588 |
| | FAX 03-3294-0278 |
| | http://www.kanrin.co.jp/ |
| | Eメール●kanrin@nifty.com |
| 装 釘 | 寺尾眞紀 |
| 印刷・製本 | 総 印 |

落丁・乱丁本はお取替えいたします
Printed in Japan. 2010.
ISBN978-4-87737-296-5

フェリスから発信する新しい〈風〉

## フェリス・カルチャーシリーズ

❶ 源氏物語の魅力を探る

❷ ペンをとる女性たち

❸ 異文化の交流と共生―グロバリゼーションの可能性―

❹ 多文化・共生社会のコミュニケーション論―子どもの発達からマルチメディアまで―

⑤ 日本のうた―時代とともに― 近刊予定

❻ 平和に向けて歩む人々―戦乱の記憶を乗り越えて―

❼ 英語圏の世界を知る―文学・歴史・社会・芸術・言語―